戦後日本を読みかえる

3

高度経済成長の時代

坪井秀人 編

臨川書店

序言

坪井秀人

〈戦後〉という時代概念はもはや無効である。こうした声がもうすでにかなり以前から、日本研究に関わる人文学、とりわけ歴史学などから盛んに言われるようになってきた。〈戦後〉と日本語が指示するものは、日本という国・地域にしか当てはまらない、一国主義的で特殊な時代区分・概念でしかない。このことを認めるならば、〈戦後〉の有効性に対するこの問い直しには一定の説得力がある。隣国の韓国を例に取れば、そこに住まう人々はなお韓国戦争（朝鮮戦争）の休戦状態にあり、〈戦後〉ではなく〈戦時〉にあると言う方が正確であろう。その朝鮮半島における〈戦時〉を代償として日本の〈戦後〉も成立していることを考えるならば、なおさらのことである。

日本にとっての〈戦後〉。それは韓国・朝鮮を含む東アジアの諸地域においては別の時間、すなわち〈解放後〉〈光復後〉その他の呼称で言われる別の時間と、非対称な形で対応し、時にはきびしい対立をもはらむだろう。〈戦後〉という時間について考える時、こうした東アジアにおける非対称性のことを無視するわけにはいかないのである。

しかし、その反面で、いわゆる構造改革以後の日本の政治のステージでは、新自由主義の風潮が強まることともあいまって、時々の政権によって、〈戦後〉という軛からの脱却とその超克が繰り返し声高に叫ばれてきたという経緯もある。七〇年以上の長きにわたって続いてきた日本の〈戦後〉は、いまやイデオロギーに関わりなく、ある種強制的な忘却の力学によって空洞化され、過去化されようともしている。

このようにして〈戦後〉は日本の内から外から、しかもそれぞれまったく違う力学のもとでその終末を迎えようとしているのかもしれない。しかし、このような現在だからこそ、〈戦後〉とはどのような時代だったのかを徹底的に検証し、考え直す時が来ているのではないだろうか。〈戦後〉という時間に殉じるがごとく、（皮肉なことに）衰弱の途を取らされ続けている人文学の知をここに集めて、臆することなく真っ向から〈戦後〉を読みかえることに挑んでみたい。

本叢書『戦後日本を読みかえる』が目指すのは、保守主義を中心に唱えられてきた〈戦後〉に対する挑戦に対峙し、〈挑戦〉する権利を私たちの側に奪い返すことである。安易に〈戦後〉が総決算され、そこから脱却されることに抗し、本当の意味で〈戦後〉を終わらせるための作業に就くこと。本叢書の評価はその作業に対する評価によって決しられるはずである。

＊　＊

叢書『戦後日本を読みかえる』の第三巻は「高度経済成長の時代」と題するように、戦後の、そしておそらくは近代日本の時間全体の中でももっとも議論に値する時代である高度経済成長期を取り上げる。私たちはこの時代をいまどのように評価することができるのだろうか。

ところで本巻に寄せられた論考が書かれていた二〇一八年は〈明治一五〇年〉、一八六八年の明治維新からちょうど一五〇年という年に当たっていた。時の安倍政権も内閣官房に「明治一五〇年」関連施策推進室を設けて全国の自治体とともに政府としてこれを記念する関連行事を行うことに意欲をみせた。当然のことながら、その施策には《「明治一五〇年」をきっかけとして、明治以降の歩みを次世代に遺すことや、明治の精神に学び、日本の強みを再認識する》という、自己肯定的な近代化観が前提とされ、そこには現政権の正統性を〈明治一五〇年〉の果実としてもぎ取ろうという魂胆も透かし見えた。十月二十三日には記念式典も開かれ、安倍晋三が明治の先人たちの《志の高さ》をたたえるメッセージを読みあげた（以下同関連施策についての資料は同推進室のウェブサイトによる）。歴史学その他の研究分野でも明治維新の評価に関わる企画が国内外で開かれた。

しかし幸か不幸か、ＮＨＫの大河ドラマが西郷隆盛を取り上げたことなどを除くと、〈明治一五〇年〉への関心はほとんど低調だったように思われる。研究分野でもどちらかというと海外の研究者の方に関心が高く、〈明治維新〉をめぐる議論はともかく、〈明治〉とそれ以後の一五〇年を問い直す企画は日本国内ではあまり目立つことはなかった。「明治一五〇年」関連施策推進室の広報ウェブサイトが政府および各種自治体他の取組例とともに今をさかのぼる〈明治百年〉の時の事業を紹介しているのは、〈一五〇年〉事業の未遂あるいは失敗の背景を考える上で興味深い。

〈明治百年〉の記念事業が行われたのは一九六八年。この年はパリ五月革命を筆頭に世界的に学生運動が同時的に発生した年であった。翌一九六九年に公開された大島渚監督の映画『新宿泥棒日記』が不穏でアナーキーな若者たちをフォーカスしたように、そこではもはや遠くなりにける明治先人の偉業を蹴散らすような生々しい反逆への衝動がうねりをたてていた。大島は作中に新左翼の学生たちと機動隊が衝突した新宿騒乱の映像を挿入しているが、その事件が、まさに安倍晋三がスピーチしたちょうど五〇年前の同じ日、一九六八年十月二十三日に日本武道館にて政府が主催した明治百年記念式典の前々日に起こっていたことを想起してもいいだろう。かたや国内的には明治の国家〈革命〉への追憶があり、かたや世界同時的には反国家主義的で対抗文化的な市民と学生による〈革命〉の実践があった。そしてかたや日本武道館という儀礼的空間、かたや新宿駅の構内と広場の空間という極端な空間の対比ということもあった。むろん新左翼の学生たちにとって、明治百年の祝祭のことなど恐らくどうでもよかっただろう。彼らは自分たち自身の祝祭に忙しかったのだから。

それから五〇年、明治はますますもって遠くなりにけりとなり、明治大正昭和の次に平成という時代が挟まり、しかもそれも二〇一九年五月一日から新しい元号に改まる。この間に十九世紀生まれの生存者は地球上で皆無となり、明治生まれの世代はきわめて少数になった。一九六八年の時点では明治生まれの最も若い世代は当時いまだ五十歳台だったことを考えてみればよい。〈明治百年〉の時と比べて明治という時代に対する距離感は決定的に変化しているのである。明治一五〇年というよりも〈近代〉の一五〇年として考えれば、その近代の時間のなかでは一二〇年近くも長く続いた〈昭和〉の比重が〈明治〉に対して数量的にもはるかに大きい。元号という時間システムを規定する天皇の比較という観点から見ても、一元化・集権化された〈明治大帝〉の絶対的偶像と比べて、昭和天皇というアイコンは即位前の摂政時代から戦時期そして戦後へと時代の変化の刻印が深くかつ複雑で、実体はどうであれ、その人格イメージには濃い陰影が宿る。そのため好むと好まざるとにかかわらず、昭和天皇というアイデンティティの不確かさは、同時代者にとっては自身の時代的なアイデンティティのゆらぎと見事に対応していたのではないだろうか。

以上のことを踏まえて考えれば、二〇一八年の現役世代は一九六八年の世代とは異なり、〈明治〉の前に〈昭和〉を歴史化しない限り〈ポスト平成〉の展望も開けないのではないだろうか。にもかかわらず、その歴史化が容易ではないゆえに、二十一世紀を生きる私たちは長すぎたこの戦後の時間を語る言葉を見失ったままなのだ。そしてそのために、〈近代一五〇年〉の問い直しにアクセスする欲望じたいも見失ってしまっているというのが実情ではないだろうか。そうした混沌たる闇中にある二〇一八年から〈明治百年〉の一九六八年を振り返ってみると、その時代がまさに恒常的な経済成長とドメスティック（国内的＝家庭的＝会社的）な〈安定〉によってもたらされた〈昭和元禄〉の気分を享受した高度経済成長期、しかも当時戦後最長の景気拡大期間となったいざなみ景気のただ中にあったことがくっきりと見えてくる。つまり二〇一八年という時を生きる各世代にとって、さしあたり歴史化すべきなのは、一五〇年前の明治維新という〈起源〉ではなく、五〇年前の高度経済成長期というもう一つの〈起源〉でなければならなかったのである。

高度経済成長期の時代が〈近代一五〇年〉の中にあって単なる経過点ではなくて、明治維新とは別のもう一つの〈起源〉となりうるのは、それに続く戦後の時代（おそらくは今日までも含めて）の日本の社会構造のデフォルトとして認識されるに至ったからではないだろうか。一九五五年に始まり一九七三年に終わった〈昭和元禄〉としての高度経済成長期、その一九年間は一七年続いた江戸時代の元禄期と比べれば確かに少しだけ長いが、これを長いとみるか短いと感じるかは、印象が分かれるだろう。だが、多くの戦後世代の実感としては、高度経済成長期の時間は戦後日本の時間の大半を占めるような、もっと長い時間として感じられているのではないだろうか。それは高度経済成長が、その期間が限定的なものであったとしても、そして現実には徐々に変容し崩壊することを余儀なくされていったのだとしても、オイルショック後からバブル崩壊までの一七年間続いた安定成長期をも加えて、変容や崩壊の実相を見ずに、その構造の骨格はかわらないと受けとめる戦後的永続性神話が多くの人々に共有されたからではないだろうか。それほどまでに高度経済成長が完成した社会構造が強力なものだったからなのであろう。それではその社会構造とはいかなるものだったのか。

本田由紀は教育社会学の立場から、高度経済成長期の終わりから一九七〇年代の安定成長期にかけて次のような〈戦後日本型循環モデル〉が成立したと述べている（以下、本田『もじれる社会——戦後日本型循環モデルを超えて』ちくま新書、二〇一四、参照）。このモデルは高度経済成長期日本の社会構造を非常に説得的に説明するものとして前提化しうると考える。本田によればこの時期に教育・仕事・家族という三つの社会領域の間を一歩通行的に循環するきわめて日本的な構造が作られたのだという。

教育から仕事へのアウトプットにおいては、おりからの《若年労働力需要》に押されて〈新規学卒一括採用〉という雇用システムができあがる。これによって少なくとも男性は《長期安定雇用と年功賃金という日本的雇用の慣行》の果実にありつくことが出来た。こうして結婚して家族を持ち夫／父となった男性労働者によって家庭に賃金が流れると、それをもとに妻／母が（その多くは専業主婦として）消費行動によって家庭を維持するとともに、子どもの教育にお金と意欲を注いで専従する。その背景には日本の政府が学校教育に対して予算を抑制しており、不可避的に《学校外教育で補いながら家庭が子どもの将来を支えてきた》面があると本田は指摘している。教育や家族に対して財政支出を低く抑えることが可能となったことで日本の政治は公共事業への投資、すなわち〈仕事〉の世界を支えることだけで済んできた――このような循環モデルが高度経済成長期・安定成長期の日本の社会構造を規定していたというのである。

本田のいうこの〈戦後日本型循環モデル〉はそれぞれの役割を担う主体が疲弊せず（相互補完的に）満足している限りにおいては、ある意味では非常によく出来たシステムだったかもしれない。とはいえ、よく出来たシステムといっても、それは例えば性役割（ジェンダー・ロール）を職場と家庭で固定し、高等教育の場を就職活動の時間が占拠したりといった、社会領域間の階層化を代償として成り立っていたのであり、仕事・家族・教育にそれぞれ男（夫／父）、女（妻／母）、子どもを縛りつける社会構造を作り出してしまったのであり、しかもそうした社会役割と性役割を自然化し固定化してしまったことを見落としてはならない。本巻収録の鈴木貴宇の論考は直接には『銀行員の詩集』という、ある種脱政治化されたサークル詩集を取り上げたものだが、そこからは闘争型の労働者のサークル運動ではなく、サラリーマン化した労働者やホワイトカラーたちの表現の中に、企業と家庭経済とが一対となって発展していくという成長神話に透かし見える影の部分が印象に残る。

一方、高度経済成長社会のこのような内閉的（ドメスティック）な循環モデルは本田が指摘するように地方の優秀な労働力を都会に吸い上げる都市中心の社会設計をもとにしていたので、労働力という人的エネルギーのみならず文字通りのエネルギーの開発生産と供給はもっぱら地方に押しつけられ、都市と地方の格差は拡がっていく一方だった。このことは〈戦後日本型循環モデル〉がその前提として階層性という矛盾をもともと内包していたということのあらわれである。

本巻に収録した渡邊英理の論考は中上健次の路地小説を〈開発文学〉として捉えて、それが高度経済成長期の日本に産み落とされたものであったことをまざまざと見せつける。中上が描いた熊野そして新宮が、高度経済成長期、右の都市と地方の間の水位差が生み出す金と人間の強力な流れをまともに受けた場所であったことが見えてくる。巨額の資本の地方への流入は、その土地に根づいて、しかし可視化されなかった種々の欲望や矛盾を明るみに出す。そこでは土地の神話的なコミューンが収奪を受けることで見えるものとして浮上してくる。開発の時代としての高度経済成長期は、それぞれの土地に根ざした連帯や民俗をシャベルで傷つけることで、それらがよみがえり再登場する機会を与えたともいえる。だが、その傷が治癒困難なまでに深かったことは、その後の歴史が証明している。

その傷を今まさに傷の傷を重ねることで体現している場所が沖縄であることは言うまでもない。本巻所収の新城郁夫の論考は、一九五六年に設立され、日本政府を代行して沖縄復帰の日米交渉に関与した南方同胞援護会という組織の歴史を洗ったものだが、この組織の歴史がちょうどそのまま高度経済成長期の時間と重なるものであることを考えると、一九七二年の沖縄〈返還〉が、一九七〇年の大阪万博とともに高度経済成長のストーリーのエンディングをなしている戦後日本社会の歪んだ像がくっきりと浮かび上がってくる。

〈返還〉された沖縄が施政権と基地の問題を分離した二枚舌的政略によって、どのようなポスト戦後〈ポスト高度経済成長〉を生きなければならなかったは、今日の辺野古で行われている基地移設工事のいたいたしい風景ひとつとって見ても明らかである。新城は沖縄の日本〈復帰〉が実は《日本全体が沖縄的なるものに呑み込まれる事態を粉飾する》方便にすぎないと、きわめてアイロニカルなヴィジョンを提示しているのだが、私たちはこのアイロニーに覚醒することなしに日本の戦後を再考することなど出来ないであろう。

目　次

装幀・野田和浩

第1章　カストリ雑誌の末裔
——『小説春秋』を読む

石川　巧

『小説春秋』（臨時増刊　全篇新作長篇読切、一九五六年六月一五日発行）の表紙

1　一九五〇年代後半の週刊誌ブーム

一九五〇年六月に勃発した朝鮮戦争の特需によって経済復興の足掛かりを得た日本は、一九五五年から一九七三年まで一八年間に亙り年平均一〇％以上の経済成長を達成する。好景気と所得増に支えられ、同時代の出版業界はその売り上げを飛躍的に伸ばす。なかでも、一九五〇年代後半の週刊誌ブームは、広汎な大衆がひとつの娯楽として雑誌に親しむようになった出来事として記憶されている。

日本の週刊誌は大正末期に『週刊朝日』と『サンデー毎日』が相次いで創刊されたことに始まる。海外移民政策、日本軍による外地への侵攻、不安定な国内情勢、そして一五年戦争へと突入していく時代にあって、週刊誌の主な目的は時事問題の報道にあった。日々刻々と変化する事象をニュースとして伝える新聞よりは記事の内容に深みがあり、月刊誌に比べて速報性に優れている点が週刊誌の強みだった。戦後、一九五〇年代に入ると『週刊読売』、『週刊サンケイ』が加わり新聞社系週刊誌の全盛時代を迎えるが、これらの新聞社系週刊誌は記事の内容が堅実で読者もインテリ層が主流だった。

だが、一九五六年の『週刊新潮』（新潮社）、『週刊アサヒ芸能』（徳間書店）に始まり、一九五七年の『週刊女性』（河出書房）、一九五八年の『週刊大衆』（双葉社）、『週刊明星』（集英社）、『女性自身』（光文社）、そして世の中が皇太子成婚に沸いた一九五九年の『週刊文春』（文藝春秋）、「週刊現代」（講談社）、『週刊平凡』（平凡出版）、『週刊コウロン』（中央公論社）へとつながる出版社系週刊誌の相次ぐ創刊によって週刊誌は急速に大衆化する。幅広い読者の期待に応えるためにスクープ記事やゴシップで誌面を構成する傾向が強まり、ヌードグラビアを掲載する雑誌も登場する。一部のインテリ層が社会的関心を充たすためのツールとして継続的に購入することが多かった週刊誌は、自らを大衆と名乗る人々に開放され、見出しや広告を通して興味をそそられる記事を見つけた読者がその号だけを購入するような情報消費のあり方が一般化していくのである。

週刊誌研究会編著『週刊誌　その新しい知識形態』（三一新書、一九五八年一二月）は、当時の週刊誌の特徴として、（1）「多様性」の確立＝項目記事の整備、（2）「日常性」の確立＝わかりやすい解説、（3）週刊誌小説の確立＝娯楽の機能、（4）「消費性」の確立などを挙げ、記事の内容が著しく断片化していることを指摘している。また、一九五七年から半年間に亙る主要五誌の記事をカテゴリーごとに分類し、芸能・スポーツ（一八・七％）、政治（一五・四％）、教育・科学（九・七％）、流行・風俗・生活態度（八・九％）、結婚・家庭（七・三％）、商売・企業・金融（六・五％）、犯罪（六・五％）、労働（二・四％）、交通（二・四％）、健康（一・六％）、住居・建築（一・六％）、趣味（一・六％）、雑（八・一％）、オムニバス形式（八・九％）という数字を示しているが、こうしたデータからも読者の関心がいかに多様化しているかが分かる。

週刊誌時代の到来は総合文芸雑誌にも大きな影響を及ぼす。当時の総合文芸雑誌には『文藝春秋』を筆頭とする戦前からの有名雑誌と、戦後に誕生した新興出版社が奇を衒うように繰り出した雑誌があったが、特に後者は継続的に講読する読者が少なかったため苦戦を強いられることになる。また、読者が自分の読みたい記事を選択する嗜好が高まったことで、総合文芸雑誌が純文学、大衆文学、中間小説、ミステリーといったジャンルに再編成される現象もあらわれる。戦後、改造社の雑誌編集部にいた松浦総三は『戦後ジャーナリズム史論　出版の体験と研究』（一九七五年五月、出版ニュース）のなかで、「昭和二十年代の私には、週刊誌（そのころは出版社系週刊誌はなかった）は、私たちのやっていた総合雑誌を食ってゆく当面の敵であった。敗戦後の昭和二十一～二年という年は、総合雑誌ブームの時代であったが、それが昭和二十四～六年ごろには殆どが廃刊となり、新聞社系週刊誌は隆盛の一路をたどった」と記しているが、それは的確な事実認識であろう。

本稿が論じる『小説春秋』（桃園書房）は、その混沌とした状況を縫うようにして一九五五年一二月一〇日に創刊され、一九五七年六月一日発行の第三巻第八号まで合計二二冊を発行した総合文芸雑誌である。各号とも三〇〇頁前後の分量があり内容的にみても低俗なものではない。ところが、同誌を全冊揃えている図書館や資料保存機関は存在せず、国立国会図書館にも約半分しか所蔵されていない。出版文化の領域でも同誌に関する研究はほとんどない(1)。その意味で、『小説春秋』は出版社系週刊誌がブームになりつつある時代に誕生し消えていった徒花のような雑誌だったといえる。

たとえば広告代理店の電通が雑誌ごとの広告量や広告収入を明らかにする目的で作成した『電通広告年鑑』（電通、昭和三二年版）が、「◇娯楽誌のうち、高級のものとしては〝オール讀物〟〝小説新潮〟が前年同様東西両雄の貫録を示し、一般のものとしては相変らず〝平凡〟〝明星〟の首位は動きそうでない。／しかし前二者の王座も、1、2年前ほどの圧倒的な強みは見られないし、一方、読者の動きがこの娯楽誌の現状に、いろいろな形で社会性を求める傾向に変って来たことは見逃すことはできない。／〝オール読物〟〝小説新潮〟に対抗して、〝小説公園〟〝小説春秋〟があるが、両誌の圧倒的な力に押されてなかなか芽が出ない」と解説しているように、当時の『小説春秋』は娯楽誌としてそれなりの売れ行きを示しており、必ずしもマイナー雑誌だったわけではない。同年鑑は、この時期に創刊、改版された主な雑誌の創刊号発売部数を図表化しているが、『週刊新潮』（新潮社、二月）五〇万部、『学生週報』（旺文社、三月）二〇万部、『主婦の友』（主婦の友社、改版三月）六〇万部、『週刊東京』（東京新聞社、五月）五〇万部、『キング』（講談社、内容転身九月）二〇万部に対して、『小説春秋』（桃園書房、八月）は八万部と報告されている。

では、なぜ創刊号が八万部も刷られた総合文芸雑誌がどこにも所蔵されず、誰からも言及されなかったのか？　同誌に作品を発表した作家、およびそれを購入した読者たちはなぜその存在を記憶に留めなかったのか？　その理由として考えられることのひとつは、敗戦後に広く流布したカストリ雑誌と『小説春秋』の類似性である。カストリ雑誌同様、愚直ともいえる売文主義を貫いたがために雑誌としての痕跡がどこにも残らなかったのではないかということである。

カストリ雑誌とは、敗戦後の一九四六年から一九五〇年にかけてブームとなった大衆娯楽雑誌のなかでも、特に戦時中に抑圧されていた性愛を描いた作品を中心とした読物雑誌の総称である。その多くは四六倍版（Ｂ５判）であり、軍から横流しされた用紙やＧＨＱの統制を受けないザラ紙、非統制外のセンカ紙などで刷られていた。また、一攫千金をめざして出版事業に参入しただけの山師的な発行人もおり、雑誌の水準は玉石混交だった。ページ数は四〇頁前後で、装幀は表紙に女性の裸体や奇抜な姿態を描いたものが多かった。内容は読物、娯楽、風俗、実話、話題、犯罪、探偵など多岐に亙っているが、いずれも読切りのスタイルを取っている。なかには著名作家の作品を掲載して娯楽雑誌としての魅力を追求した雑誌もあったが、実際の取材に基づいたニュースや記事は少なく、編集者やライターが面白おかしく読物を書きたてた読物、戦前の既発表作品の再録が多かった。カストリ雑誌の全体像はよく分かっていないが、恐らく数百タイトル以上が世に出ていたことは間違いないだろう。一九四九年以降、『夫婦生活』を嚆矢とするA5判の夫婦和合雑誌、あるいは、『人間探究』『あまとりあ』といった性科学雑誌が普及したことでカストリ雑誌の売行きは急速に衰え、以後はゾッキ本として流通するようになる。

『小説春秋』もまた、掲載作品の多くは戦前に発表された短篇小説の再録で占められており、各号ごとの誌面構成には統一性がない。特集号と銘打って読者の関心を集めようとする狙いが鮮明で、毎号の内容には相当ばらつきがある。再録が並ぶなかにときおり一流作家の力作が入っていたり、思い出したように新人作家が登用されたりすることはあるが、誌面全体の構成はどこかいかがわしい雰囲気を漂わせている。詳しくは後述するが、そこにはカストリ雑誌の影響が色濃く残っている。本稿では、こうした観点から『小説春秋』という雑誌を考察するとともに、同誌に掲載されていながらこれまで研究の俎上にのぼることのなかった新資料の紹介をする。

2 『小説春秋』と桃園書房

『小説春秋』の発行元である桃園書房[2]は一九四八年に唐澤好雄が創業した小規模出版社である。戦後の紙飢饉がようやく一段落したもののまだ印刷用紙が不足していたこの時代、同社はカストリ雑誌の後継にあたる大衆娯楽雑誌を得意とし、一九五〇年代後半に訪れた歴史小説、剣豪小説ブームに乗って『小説倶楽部』や『小説春秋』に多くの人気作家を輩出した。一九五四年には色川武大（阿佐田哲也）が入社し、『小説倶楽部』の編集者として活躍しているし、同社が創設した「小説倶楽部新人賞」には二百から二五〇篇もの応募があり、一九五五年に「罫線屋」で同賞を受けた黒岩重吾をはじめ数々の新人作家を世に送りだしている。ただし、『出版年鑑』（一九五七年四月、出版ニュース社）や『全国出版物卸商業協同組合三〇年の歩み』（一九八一年六月、全国出版物卸商業協同組合編）はもちろん、当時の出版業に関する文献を見ても同社についての言及はほとんどなく、わずかに『文化人名録　昭和31年版』（一九五六年一月、日本著作権協会）の会友名簿に、

沿革　株式会社、桃園書房は、昭和二十三年六月創立、東京都千代田区神田司町二ノ二に社屋を設け、大衆娯楽専門の出版事業を企画、経営を始めた。／雑誌「小説倶楽部」（A5判）は、広汎なる一般大衆の健全娯楽雑誌として創刊され、一流の執筆陣を総動員した編集内容は、忽ち娯楽雑誌界

の注目を呼び、斯界の第一流誌として今日に至つている。その間、社業大いに振い、飛躍をとげ、昭和二十六年十一月には、東京都千代田区神田司町二ノ五に新社屋を完成移転し、更に進展の態勢をととのえた。／昭和二十八年十月には、新雑誌「小説と読物」を新たに創刊、「小説倶楽部」と併立して、進展の一路をたどり、現在に至つている。／従つて、娯楽雑誌部門の出版社としては、名実共に斯界の一流社としてその業績を認められている。　事業・雑誌（誌名、部門、創刊月日）小説倶楽部（大衆娯楽雑誌・昭和二十三年六月）、小説と読物（大衆娯楽誌・昭和二十八年十月）　組織・株式会社　資本金・五十万円　従業員数・二十五名　役員　取締役社長・唐澤好雄、営業局長・小竹正二、編集局長・橋本晴介　抱負・広汎なる一般大衆に愛される、健全娯楽としての雑誌の使命を果したい。　文化事業・著作権　出版権の確立を要請

と記されている程度である。したがって、一九四八年二月九日に公布施行された国立国会図書館法によって納本が義務付けられていたにもかかわらず、それが厳格に適用されず、納本された号とされなかった号のバラ付きがでてしまった可能性がある。実際、国立国会図書館の所蔵情報を確認すると、さきにも述べた通り、全二二冊のうち、ちょうど半分の一一冊しか所蔵されておらず（第一巻第一号、第二巻第一号〜第二号、第二巻第五号〜第九号、同一一号、第三巻第二号、同第四号が欠号）、創刊当初は欠号が多い。

また、多くの公共図書館、大学図書館がこの雑誌を継続購入していない点を考えると、収書基準に照

らして問題があると判断されたことも考えられる。詳細は後述するが、『小説春秋』は、一応、月刊を謳っているものの、実際には隔月刊になっていることも多い。四集にわたって発行された別冊「芥川・直木賞受賞作特集」をはじめ別冊が多く、既発表作品の再録も目立つため、目次をざっと見ただけでは著名な小説（短篇が中心だが、長篇の一部分を抄録したものもある）を集めただけの安価なアンソロジー雑誌にみえてしまうのである。

そうした発行形態を考えると、図書館側が、再録されている作品のほとんどを他の単行本、全集などで読むことができると勘違いしたり定期刊行物として取扱わなかったりして、継続購入することはできないと判断したことが考えられる。実際にはこの時期にデビューした若手の大衆文学作家にとって貴重な作品発表の場になっていたわけだが、多くの図書館はそのことに気づかず、同誌を赤本（市場で新古本として扱われる図書）系統の出版社から発行される低俗雑誌と判断したのではないだろうか。

興味深いのは、桃園書房側もあらかじめそのような扱いを受けることを承知しており、擬物《まがいもの》であることを販売戦略のひとつにしていたように思われることである。『小説春秋』という雑誌名は明らかに『文藝春秋』（一九二三年一月創刊）を想起させる。前述した別冊「芥川・直木賞受賞作特集」などもそのイメージを強化する働きをするだろう。雑誌や出版に関わる多くの研究者がこの雑誌に注意を払わず、その存在を見過ごしてきた要因のひとつとして考えられるのは、『小説春秋』という誌名そのものが文藝春秋新社を想起させ、どこにでもある雑誌、すでに多くの人の目に触れていて新しい発見などは期待すべくもない雑誌という先入観を与えてしまうところにあったのではないだろうか。

同誌は、誌名のみならず誌面の構成や特集主義、臨機応変に別冊を発行していくスタイルまで『文藝春秋』と似ている。似ているがゆえに、けっして一流の雑誌にはなれないが、一流誌を模倣するという追従の仕方はできる。同誌は、『文藝春秋』という大樹にすり寄った販売戦略をとることによって、広告などをしなくても一定の部数が売れるような仕組みをつくろうとしたのである。

桃園書房はこうした遣り繰りによってカストリ雑誌全盛の時代を乗り切り、一九五〇年代後半の週刊誌ブームを迎える。経済成長に後押しされた雑誌購買力の高まりに応じて嗜好の多様化が進んだ一九五〇年代後半を『小説倶楽部』『小説と読物』『小説春秋』に託す。三〇〇頁を越える厚さで定価百円（創刊号）という高額雑誌（昭和三〇年当時、一般的な週刊誌が三〇円程度である）ではあるが、新しい号が出てしまえば旧い号の価値がなくなるような月刊誌ではなく、発行した部数がきれいに捌けるまで書店の書架に並べていられる別冊として売り出すことで、資本力の豊かな大手出版社が繰り出す週刊誌に対抗した。結果的に『小説春秋』は文芸誌としてのブランド力をもつことができず、時代の推移とともに多くの読者から忘れ去られることになったが、当時の状況からすれば、規模の小さな出版社が読者の期待に応えられる娯楽読物を提供するために考えだした巧妙な戦略だったといえる。

『小説春秋』の特徴は、創刊から終刊までほとんど橋本晴介が編集人兼発行人を務め、誌面構成から執筆者の選定に至るまで個人の裁量で編集されていることである。第三巻第七号、第八号こそ「編集人」を平野玉磨に譲っているが、それは雑誌そのものが終刊に向かっていた時期の交替であり、内容の大半は彼が編集人兼発行人だった時期に確定していたと考えられる。

橋本は、一九二五年に創立四年目の東京高等工芸学校に入学し、印刷工芸科に学んでいる。同級生には時代小説、探偵小説作家として活躍した角田喜久雄がおり、ふたりは文学仲間として親しく交わった。だが、当時、築地小劇場を中心に一世を風靡していた新劇に魅せられた橋本は、一九二七年、卒業を半年後に控えた時期に退学し演劇の世界に飛び込む。のちに『角田喜久雄氏華甲記念文集』（角田喜久雄氏華甲記念文集編集委員会編、一九六六年・非売品）に寄せた「芝浦時代」というエッセイには、このときのことが「無謀な私の行為を角田君はたいへん心配してくれたが、その後はよく切符を買って私の下手な芝居を見にきてくれ、あたたかい友情の手をさしのべてくれた」と記されている。

ただし、東京工芸学校を中退した橋本が飛び込んだのはロシア・ドイツ系の演劇を展開する築地小劇場ではなく、一九二七年春にパリから帰朝し、フランス風の「聞く芝居」を日本に移入しようとしていた岸田國士が菊池寛の支援で発足させた新劇研究所（蝙蝠座）だった。若き日の橋本は、新劇研究所の研究生として演劇生活を開始するのである。その後、彼は約一〇年間にわたって活動を継続するが、病気で身体を壊したのを機に演劇界を去ることを決意し、東京工芸学校時代の同級生だった佐藤道夫（新潮社創業者・佐藤義亮の三男）の斡旋で新潮社に入社する。ただし、戦時下だったこともあり、新潮社時代の彼がどのような仕事に携わっていかのかは詳らかでない。戦後、新潮社を辞したあとは久保田正史が編集人を務める『八雲』（八雲書店）の編集に携わったのを皮切りに、『小説倶楽部』（桃園書房）、『笑の泉』（白鷗社）、『小説と読物』（桃園書房）などの編集を手がける。短歌総合雑誌の『八雲』はともかく、その他は大衆文芸雑誌、大衆娯楽雑誌である。

『小説春秋』のもうひとつの特徴は、エロティシズムによって読者を煽るような作品や記事が排除され、質の高い娯楽が読者に提供されている点である。当時の大衆雑誌のなかには、官能的な刺激で読者を獲得していこうとするものが少なくないが、橋本は文芸誌としての一線を譲らず、あくまでも読物の魅力で読者を惹きつけようとするのである。当時、桃園書房は『一家一言　生きている日本の良識三百六十五人の提言』（橋本晴介編『小説春秋増刊』一九五七年五月）のような企画本も出版しているが、そうした編集姿勢が効を奏してか、作家・文人からも好意的に受けとめられていたようである。戦後、鎌倉文庫、博文閣を経て一九五三年に入社し、橋本とともに編集者として同社の絶頂期を支えた伊藤文八郎は、『紙魚の鼻いき——編集者生活五十年　私的戦後文壇史』（一九九八年五月、桃園書房）で当時の社内風景を、

桃園書房はA版の大衆雑誌『小説倶楽部』を発行していた。世帯としては博文閣と変らないが、雑誌出版は副業ではない。雑誌に賭ける意識が違っていた。稿料は大手出版社と違うので、再録作品も入っている。全面書下しとはいかないのだ。昭和二十四年の出版パニックにも見舞われ、息たえだえであった。B6判の小型雑誌を思い切ってA5判型に転向、投稿原稿の柔道小説甲斐克彦の「闘魂」を連載した。新人原稿、しかも連載とはと類誌は驚き、あきれた。捨てばちな編集であった。／危惧が幸運をもたらしたといっていい。名もない貧しい雑誌が輝いたのである。一つの連載が、三万部から八万部にと部数を伸ばしたのである。これで再録ものは掲載しないでよい。といっ

て、どう雑誌を色づけしていくか。第一段階を超え、雑誌の性格をしっかり作りださなければならなかった。（中略）雑誌が好調で、出版と他にも『小説と読物』『小説春秋』と発刊するようになり、八人の会社が二年の間に三十八人になった。／編集の人材は社長から一任され、ほとんどわたしが編集者を集めた。小説倶楽部の編集員は七人である。七人といっても、四百頁に近い雑誌を毎月発行し、増刊号も月刊誌並みに毎月発行した。つまり七人で月二冊の雑誌を担当する。一冊の雑誌に一篇四十枚平均の作品が十五、六本収まる。別冊も同様で、わたしは掲載作品の点検採用を決定する。既成作家の作品でも否定することがあった。あるいは題名の変更を進言したりする。

と記しているが、ここには、多くの作家に原稿を依頼し、雑誌の売り上げを伸ばしていく様子が鮮やかに切り取られている。

雑誌を創刊した当初、再録作品で地味に継続を図っていた『小説春秋』は、やがて新人発掘へと路線を変更して部数を伸ばしていく。部数が伸びて経営が安定したところで同系誌を創刊したりページ数を増やしたりして再び著名作家に原稿を書いてもらえる環境を整える。それは紛いもので読者を惹きつけながら徐々に本物へと近づけるやり方であり、新規参入した業者の多くが狙った戦略でもあるだろうが、実際に成功させた出版社は必ずしも多くなかっただろう。

3 『小説春秋』の誌面構成

『小説春秋』創刊号（一九五五年一二月）のグラビア特集は「第三の新人」である。同企画では、文学の吉行淳之介をはじめ、歌舞伎、映画、音楽、美術、落語、バレー、野球など、各界の期待される人材が紹介されている。誌面の多くを占めているのは短篇小説だが、その他にも随筆、コラム、漫画、映画紹介、芸能通信、生活・実用、ゴシップなどが設けられている。専門的な論説記事は一切なく、小説も連載は認めない方針を取っている。雑誌を売るためには、人気企画を継続して「次の号も読みたい」という読者を増やす方法と、どの号を読んでもその一冊で読物が完結するという安心感で買わせる方法があるが、『小説春秋』は明らかに後者の戦略を徹底させている。

さきにも、述べた通り、こうした編集方針を取ることの利点は、雑誌でありながら返品期限などに拘束されず長期間に亙って書店の棚に置いてもらえることである。出版社にしてみれば、月刊、旬刊といった定期発行に囚われる必要がないため、一定の原稿が集まった段階で一冊にまとめて発行すればよい。発行部数も号ごとに変えられるためロスが少なくてすむ。読者も自分が好きなときに好きな号を購入すればよいわけで、基本的に前号／次号といった概念は必要なくなる。つまり、この雑誌は今日でいうところのムック（mook）に近い性格をもっているのである。

創刊号の記事で興味深いのは、南部僑一郎「映画界曲者銘々伝　誰が日本映画を動かしているのか」、江戸川乱歩、木々高太郎、角田喜久雄といった同時代の代表的探偵小説作家を集めた「スリラー随筆三人衆」などの企画ものである。前者は、永田雅一、小林一三、堀久作といった経営陣と、森繁久彌、長谷川一夫、片岡千恵蔵ら人気俳優を幅広く紹介し、映画製作の舞台裏に迫っていく面白さがあるし、後者は、「舞踏人形」と題して人形奇談への愛着を語る江戸川乱歩、「スリルの効果」と題して生理学や心理学の側面から「スリル小説」を解析してみせる木々高太郎、「完全犯罪」と題して完全犯罪の不可能性を説く角田喜久雄という具合に、それぞれの創作スタイルが明らかにされている。

また、大井廣介が論説「チャンバラ流行《ブーム》――〝暴力教室〟問題など――」を書き、剣劇・剣豪小説の凋落を嘆いている。剣劇・剣豪小説は、のちに『小説春秋』が特集するテーマであり、創刊当初からこの問題に関する論評を掲載していたことは雑誌の編集のあり方という点で興味深い。なお、ここで大井は暴力や猥褻に対する規制の強化を憂えて「低級な書物だからといつて直に焼いたり縛つたりするのは行過ぎだ。大衆の良識を気がなに待つて、自然淘汰を待つべきである。悪書追放などという思想は官僚独善の思想である」と喝破し、「チャンバラが凋落したのは、占領軍が仇討を御法度にしたり、殺戮を忌避したからではない。それ以前に戦時下において、極度に制限された。小川隆の得意のだし物であつた「鼠小僧」は、乱闘の揚句、子分が犠牲になり、鼠小僧は屋根の上から見送るが、お上に手向いするのはいけない、御用とふみこまれると、へい、お縄ちようだいいたしますと、改変を命じられた。小役人特高の写実観念で、奔放な空想や戯作やアチヤラカは憎まれた。同時に、大部屋のカラミのうまい連中は召集され、徴用された。チヤンバラを凋落させたのは実に戦争規格であり、戦争である」と主張している。

大井によれば、チャンバラの凋落はＧＨＱの占領以前、日本が戦時体制に入った頃から始まっていたということになる。当局の不当な介入や役者の徴用など理由は様々だが、少なくとも、占領国の論理によってチャンバラが一方的に封印されたと考えるのは間違いだと述べている。さらに、大井は五味康祐の「秘剣」などがきっかけでチャンバラに再流行の兆しがあることも指摘している。詳しくは後述するが、この後、約三年近くにわたって発行される『小説春秋』が、「剣豪英雄読本」や「剣俠武将読本」といった特集に力を入れるようになる背景には、チャンバラが再び流行するという読みがあったのではないだろうか。

ところで、『小説春秋』の誌面構成で特徴的なことのひとつに挿絵の充実がある。基本的に小説にはすべて挿絵画家が付き、小説の主要場面が挿絵で表現されている。編集兼発行人であった橋本晴介の挿絵に対するこだわりは、たとえば次のようなエッセイからも推し量ることができる。一九五五年四月に雑誌『さしゑ』（挿美会）が発刊された際、祝辞に代えて「素人言」というエッセイを書いた橋本は、自分が立ちあげたピカソ会という集いの世話役を引き受けたときの思い出に触れ、「腕自慢の面々は、鹿島孝二、中沢巠夫、田岡典夫、宮本幹也の御歴々で、某誌にそのデッサンを発表したりして、そのうちに挿絵も自分で描こうなどと、大変なことには相成つた」と記している。自分自身も絵を描くことが好きで、絵を通じて識者たちと親しく交流していた彼にとって、挿絵は小説と同等の作品だったのである。

こうして、創刊号は多彩な内容をごった煮にしたかたちで発行されたが、第二巻第一号をすぐに出すことはできず、発行が二カ月後の一九五七年二月一〇日にずれ込んでしまう。月刊という括りはここで既に崩れている。「新春特別号」と銘うって発行された通巻二号には、人気作家の小説がずらりと並び、さながら競演といった雰囲気さえ漂っている。特に興味深いのは、火野葦平、松本清張、横溝正史がそれぞれ新作を発表していることである。

このときの『小説春秋』はやっと創刊号が出たばかりである。にもかかわらず、戦後の公職追放を解かれたあと「花と龍」（『読売新聞』一九五二年六月二〇日～一九五三年五月一一日）で再び旺盛な執筆意欲を取り戻していた火野葦平、「張込み」（『小説新潮』一九五五年一二月）以降、推理小説の分野に進出し、一九五六年五月に朝日新聞社を依願退職して専業作家になってからは斬新な推理小説を次々に発表しつつあった松本清張、そして、この年の八月から『宝石』で連載を開始する「悪魔の手毬歌」の構想を練ることに多くの時間を費やしていた横溝正史の名を並べることができたのは、間違いなく橋本の功績であろう。詳細は不明だが、戦前・戦後を通じて様々な出版社をわたり歩いてきた彼には、そうした人気作家と直接交渉して原稿の約束を取り付ける手立てがあったのだろう。なお、同号からは読者歌壇・俳壇の募集も始まり、選者として五島美代子、石田波郷が紹介されている。

第二巻第二号の発行もそれから二カ月後の一九五七年四月である。同号で目をひくのは、「新々用語笑事典」、「笑篇　洪水の前」など、社会風刺的な漫画が多くなり、当初の文芸誌的な性格に加えて総合娯楽雑誌の色合いが出てきたことである。さらに、小説の分量に応じて空いたスペースを埋めるための「話のはなし」をはじめとする埋草のコラム、ゴシップが多くなる。

第二巻第三号からはペースが早まり、前号の翌月発行となる（同号には「六月号の発売は四月十七日です」という社告があり、『小説春秋』の実際の発行は奥付の号よりも一ヵ月半早かったことが分かる）。この号では藤原審爾「女の市」、戸川幸夫「崖に立つ」、松本清張「陣火」、橘外男「墓が呼んでいる」の四作品にそれぞれ百枚の分量が与えられ、短篇小説の合間にやや重厚な作品が並ぶ。「旋風の中の四人」と題して山口淑子（女優）、石原慎太郎（作家）、太田薫（総評副議長）、中村翫右衛門（歌舞伎役者）を紹介したグラビアが入り、時代の先端を鮮やかに捉えようとする姿勢が明確になる。

その他、同号で興味深いのは、「小説家の休日」と題して五味康祐、橘外男、加賀淳子、檀一雄が特集されていることである。『小説春秋』においては、作家の名前がたんなる小説の書き手ではなく、グラビアやインタビュー、随筆、コラムで私生活を積極的に露出させる人物として紹介される。作家の趣味や家族構成がリアルな情報として読者に届けられる。読者もそうした作家の姿をありありと思い浮かべながら小説を読むことに悦びを感じる。同誌上では作家もまた商品の一部であり、小説の世界に浸りつつそれを書いている人物の私生活にも思いをめぐらすような読み方が推奨されているのである。

第二巻第四号は新作特選読切小説として発行されており、「太陽の季節」（『文学界』一九五五年七月）の芥川賞受賞によって様々な社会現象をまき起こした石原慎太郎が「舞扇」という小説を書いている。時代の寵児への期待は、目次欄に付された「恋にすら仮面が要求される現代の若き背徳者／鬼才石原が青春の愛と不信を鋭く衝く野心作」というキャプションからも伝わってくる。

同号で力の入った紹介がなされているのは、有馬頼義「空白の青春」、柴田錬三郎「銀座ジャングル」、萱沼洋「駆逐艦黒雲一家」などであるが、聯合艦隊の最後を追った戦記文学「駆逐艦黒雲一家」はともかく、有馬、柴田の作品のキャプションは、それぞれ「女体を愛することの哀しさを己が日記の記録にとどめて青春の火を燃し尽した日日の告白」、「銀座こそ東洋のモナコである。奥知れぬジャングルの秘密を切りひらく名匠柴田の快作！」となっており、石原作品を含めて、いわゆる愛欲物が多くなっていることがわかる。もちろん、創刊当初から継続されている歴史・時代小説も掲載されてはいるが、読者の購買意識をかきたてるためには、やはり、話題性のある書き手に煽情的なテーマを追求してもらうのが常套手段だったのだろう。

第二巻第五号は「芥川・直木賞作家特集」である。同号には火野葦平が「女俠二世」という力のこもった小説を書いているほか、小山いと子、松本清張、富沢有為男、大池唯雄、石塚喜久三、海音寺潮五郎がそれぞれ作品を発表している。また、同号ではメインとは別にサブ特集のようなものも組まれており、「新鋭力作三人集」と題して、邱永漢「華僑」が貧しい船員からマレー一の富豪になつた華僑の青年を、戸川幸夫「咬ませ犬」が土佐犬の栄華と失意を、石川利光「青きを踏む」が若者の奔放な性を描いている。三者三様ではあるが、書き手が自分の最も得意とするテーマで新作に挑んでいるところに特徴があるといえよう。

そうしたなか、『小説春秋』らしい新しい試みとして登場するのが「中間読物・随筆特選」である。このコーナーは、作家に一定の枚数だけを指定し、随筆、コラム、小説の構想や余滴などを自由に書いてもらうというもので、読者に創作の舞台裏を垣間見せてくれる記事も少なくない。たとえば、この号では、今日出海、由起しげ子、石原慎太郎、木々高太郎、源氏鶏太、藤原審爾、立野信之、柴田錬三郎、吉行淳之介、橘外男といった面々が執筆しているが、それぞれの文章には小説の外伝的な要素が含まれており、極めてユニークな誌面になっているといえる。『小説春秋』は、この後も「中間読物」コーナーを継続し、従来の小説とも随筆とも違う新しいジャンルを開拓するが、通巻第六号はその画期であり、雑誌の個性が明確になった号として重要な意味をもっているといえる。

既刊号の多くが小説などの読物を中心としていたのに対して、第二巻第六号はグラビアを多用しビジュアル性を強く押し出す編成である。特に巻頭の「話題の人々」には三迫仁志（ボクシング）、藤島泰輔（作家）、加藤礼子（アイススケーター）、山下清（画家）が特集され、世間の関心が鋭利に捉えられている。

小説では、「新緑読切小説特集」が組まれ、富田常雄、田村泰次郎、小島政二郎、南條範夫、船山馨、広池秋子、小島信夫、清水正二郎、渡辺啓助が作品を発表している。また、ひとりの作家に「百枚」を与えてやや長い読切り作品を書かせる企画では、「孤独の人」で脚光を浴びた藤島泰輔が「失われた時間」と題して、魔の雪山に挑む学習院生の生と死を描いているほか、「東京〇番地」の作者・井上孝は、「天国までは三哩」で頽廃と不倫にまみれる芸能界の暗黒面を描いている。他の作品で人気を博した作家に長めの小説を書き下ろしてもらうという手法は、橋本が最も得意とする編集戦略のひとつといえるだろう。

第二巻第七号も前号の構成を踏襲し、前半にはふんだんなグラビアを、中盤に「新鋭読切小説特集」

を組み込んでいるが、後半の「特別企画二大事実小説」では、萱沼洋「勝負師五十六」と戸川幸夫「魔の港」が掲載されているほか、娘の婚約発表と彼女をとりまくボーイフレンドの嘆きを描く中村正常の連作「娘《メイコ》は日下婚約中」、英雄たちの死とその病因を追跡した大熊房太郎の「英雄の死病」などが掲載されており、ドキュメンタリー色の強い編成になっている。完全なる虚構を描いた作品と、ある特定の事件や歴史に基づきつつ、そこにフィクションを織り交ぜる作品が混在することで、『小説春秋』は雑誌としての裾野を広げるとともに、純文学でも大衆文学でもない中間領域の開拓を進めたといってよいだろう。

第二巻第八号は、「現代異色小説特集」と銘打ち、殺人事件をめぐるミステリー、猟奇的な小説、モデル小説が並ぶが、実際にその内容を読むと看板倒れの印象は否めない。次号の読者欄に、「正直に言つて真に「異色小説」の名に価するものは無いようです」、「傑作の名を冠する程の小説ではないようです。どうか看板に偽りの無い力作で編集して下さい」といった感想が寄せられていることからも、それは明らかである。後半の「四大長篇読切特集」も併せて、この号には柴田錬三郎、有馬頼義、大林清、池田みち子、小橋博、中村正常、柳田知怒夫、松本清張、石川利光、安岡章太郎、藤島泰輔、萱沼洋、清水正二郎、戸川幸夫などが名を連ねているが、こうした執筆陣をみると、やや書き手が固定化されつつある印象も受ける。その意味で、新しい特集テーマを次々に考えて読者の関心を惹こうとしても、書き手が限られているため、期待したほどの新鮮さが出せず困っているというのが、この時期の『小説春秋』ではないだろうか。

そうしたマンネリ化をさらに悪化させ、雑誌を縮小再生産的な方向に進めてしまったのが、第二巻第九号の「戦後芥川・直木賞受賞作品集」である。この号には井上靖「闘牛」、吉行淳之介「驟雨」、安岡章太郎「悪い仲間」、松本清張「ある「小倉日記」伝」など、戦後の芥川賞、直木賞受賞作がずらりと並んでいるが、内容としては完全な再録であり、多くの読者にしてみればアンソロジーとして便利ではあるが、なぜいまそれを別冊として出さなければならないのかという疑問が沸く。特集の後半には、遠藤周作がリヨンでの留学時代の体験を綴った単行本未収録作品「デニーズ嬢」、檀一雄「酒の味」、小島信夫「公金費消」などが収録されているが、その多くは小説とも随筆ともとれる中間読物である。次号の読者欄には、「発売予定日より二日早く入手出来ましたが、その充実した内容は充分再読に価するものです。しかし出来ればこれらの作家の書下し小説集も欲しいと思います。再録物も有意義ですが、次回には是非受賞作家の新作集をお願いいたします」という投稿があり、読者のなかにも雑誌の編集方針に対する不安が広がっていたことがわかる。

ただし、芥川賞・直木賞への寄生的な関係がマイナスに働いたかというと必ずしもそうではない。たとえば、第二巻第一〇号をみると、「今期直木賞受賞作家集」という企画があり、南條範夫「大盗小盗」、今官一「銀簪《ぎんさん》」が掲載されているが、南條範夫は、第二巻第六号の「全篇新作読切特集」に新人として起用されていた書き手である。つまり、『小説春秋』は自誌に登用した作家が直木賞を受賞し、その作家に再び新作を提供してもらう循環を達成しているのである。実際、同号の特集をみると「新鋭問題小説特集」が組まれており、すでに名を成した作家の原稿ではなく新人の発掘につとめる姿勢が明確になっている。

こうした新人発掘路線は、第二巻第一一号にも継承される。ここで編集部は「戦後新鋭作家特集」という名称を冠し、戦後派という括りへのこだわりをみせる。つまり、たんなる新人の登用ではなく、旧来の文学とはまったく違う新しさを備えた新人に誌面を与えたいと考えたのである。この企画には、前年に「白い人」（『近代文学』一九五〇年五月、六月）で芥川賞を受賞したばかりの遠藤周作が「生きていたコリンヌ」を、この年、「女子大生・曲愛玲」（同人雑誌『Z』）で新潮同人雑誌賞を受賞したばかりの瀬戸内晴美が「白色の檻」を発表している。かつて銀幕の世界で活躍していた女優が物乞いに落ちぶれた姿を垣間見たパリの日本人留学生を描いた「生きていたコリンヌ」といい、三〇歳前後の女性仲間四人を主人公としてレズビアンの問題を大胆に描いた「白色の檻」といい、同号に寄せられた小説には清新なものが多い。彼らのその後の活躍を考えると、この企画は大成功だったといえるだろう。

続く第二巻第一二号、第二巻第一三号は、ともに「芥川・直木賞受賞作品集」（第二集、第三集）であり、雑誌としての魅力は著しく減退している。第二巻第一三号の自社広告をみると、「日を追つて好評の「芥川・直木賞受賞作品集」は、本号を以て第三集を数えましたが、読者諸賢の御要望に依り、既刊分左記二冊の本社直接御註文をお受け致します。この機会に是非第一集よりお揃え下さい」、「尚、第四集は戦前戦後の受賞作を網羅し、目下鋭意編集中で、来る十一月下旬発売の予定です」といった文面が踊り、このシリーズを全冊揃えることを薦めているが、こうしたかたちでムック的な性格が前景化されるということは、逆に雑誌の編集が守勢に回っているという印象を購読者に与えることにもなったはずである。

「芥川・直木賞受賞作品集」シリーズで味をしめた編集部は、次なる手立てとして「昭和文壇出世作全集」なる特集を企画する。それが第三巻第一号である。室生犀星、井伏鱒二、尾崎士郎、丹羽文雄、石坂洋次郎、井上友一郎、佐多稲子、火野葦平、壺井栄、田宮虎彦、織田作之助、武田麟太郎、堀辰雄、坂口安吾、三島由紀夫、武田泰淳、藤原審爾、上林暁、高見順、平林たい子らの作品を並べ、初期の代表作を掲載した同号は、「若き日のアルバムから」と題して各作家のグラビアを掲載しているほか、「文壇落穂集」なるコラムで周辺のゴシップを紹介し、巻末には十返肇が「文壇出世作展望（上）」と題した解説を書く、という念の入れようである。

誌面を追うかぎり、この特集は十返肇という批評家が昭和文壇史という側面から検証を試み、きわめて個人的な評価、判断に基づいて作家、作品を選択している可能性が高い。この頃の『小説春秋』は、編集部が直接関わることなく一冊の雑誌ができあがってしまう仕組みを考案し、ひとりの批評家に企画を丸投げしてしまうような乱暴な誌面作りをしてしまっているのである。ちなみに、編集部は通巻第一五号と次号の第三巻第二号の発行順を勘違いし、両方に「第三巻第一号」と印刷してしまう失態を犯している。それはある意味、起こるべくして起こった編集上のミスだったといえるだろう。

「芥川・直木賞受賞作品集」シリーズで一定の商業的成果を収めたものの、雑誌の企画や魅力という点では著しいマンネリ化に陥っていた『小説春秋』は、ここで編集方針を大幅に見直し、当時サラリーマンや中高年層から広く支持されるようになっていた歴史・時代小説に活路を見いだそうとする。その第一弾が第三巻第三号の「剣豪英雄読本」である。同特集は、冒頭に「古武道奥義」と称したグラビア特集を掲げているほか、「武道覚帖」というコーナーで上泉信綱、上杉謙信、武田信玄、宮本武蔵、柳生宗矩、柳生宗厳、伊藤景久、佐々木小次郎、および武芸諸流派系図が解説され、大井広介の「剣豪小説偶感」も添えられている。本編は「剣豪剛勇篇」と「英雄武将篇」の二部構成になっており、「真説佐々木小次郎」（五味康祐）、宮本武蔵（藤原審爾）、柳生一族（松本清張）、千葉周作（武田繁太郎）、柳生流秘太刀（山手樹一郎）、新選組（村上元三）、「中山安兵衛　高田の馬場」（長谷川伸）、立花宗茂（尾崎士郎）、家康（坂口安吾）、上杉謙信（檀一雄）、島原（田宮虎彦）などの作品が収録されている。また、特別読物としては明智光秀、黒田如水、加藤清正を描いた「三人の英雄」（菊池寛）、伊藤一刀斎と小野忠明、斎藤弥九郎父子を描いた「日本剣豪譚」（直木三十五）、山中鹿之介、柴田勝家、島津家久、十時伝右衛門を描いた「戦国武将軍談」（白井喬二）、塚原卜伝と梶原長門を描いた「武道名試合秘録」（村雨退二郎）が並び、さらに、幕末刺客伝として井上友一郎「人斬り以蔵」、海音寺潮五郎「人斬り新兵衛」が挟み込まれているほか、子母澤寛「新選組隊士絶命記」、石坂洋次郎「阿武隈河原の決闘」もある。同巻は、ごく一部の新作を除いてほとんどが再録であり、個々の作品に関してはすでに広く知られていたものも多いが、剣豪や武将に焦点を絞ることで網羅性が発揮され、読者に「この一冊ですべてが読める」という印象を与えたことは間違いないだろう。

第三巻第四号の「現代作家代表作全集」も柳の下の泥鰌を狙った安直な企画である。舟橋聖一、石川達三、伊藤整、阿部知二、永井龍男、梅崎春生、椎名麟三、井上靖、大岡昇平、野間宏、田村泰次郎、檀一雄、今日出海、太宰治、尾崎一雄、石川淳、立野信之、小島政二郎といった人気作家の名前がズラリと並んではいるものの、収録作品はすべて再録である。

だが、この特集にもひとつの興味深い特徴がある。それは、特集名とは別に目次の脇に小さな文字で「昭和文壇出世作全集　第二集」と記されていることである。この「出世」という言葉は、巻末に付された十返肇の「作品解説」の基調低音でもある。要するに、この特集は個々の作品の魅力云々ではなく、あるひとりの作家が文壇に躍り出る契機になった作品とそれにまつわるエピソードを並べることで、文壇という厳しい競争社会で勝ち抜いてきた作家たちはどこが違うのか、どこに幸運を摑み取る要素があったのかを示すような企画になっているのである。それはある意味、戦国時代における剣豪・武将物と同様の立身出世譚であり、厳しい競争社会のなかで生き残っていかなければならない人々の好奇に訴えかける戦略でもあっただろう。

この時期になると、編集部には斬新なテーマを立てて著名作家から新作を集める力がなくなり、いかに少ない経費で目新しいものに見せるかが課題になってくる。そこで、剣豪・武将物と同様、「この一冊ですべてが読める」という企画のひとつに採用されたのが第三巻第五号の「現代女流作家名作集」である。臼井吉見が「才女時代の到来　女小説家の変遷」（『産経時事』一九五七年五月九日）と名付けたように、この頃の文学状況をめぐる言説には、「才女時代」あるいは「才女ブーム」という表現がしばしば用いられる。具体的には、曾野綾子、有吉佐和子、原田康子、山崎豊子、瀬戸内晴美など、大学、短期大学を卒業してまだ間もない女性の書き手が、作家になるための研鑽をそれほど積むこともなくいきなり文壇に登場し、読者からも評論家からも高い評価を受けて時代の寵児になっていった現象をさすと思われるが、それと同時に、「才女」という言葉には、才色兼備、すなわち、優れた才能と美しい容姿を兼ね備えていることへの羨望が込められており、それが同時期の女性週刊誌ブームなどとも連動して商品価値を高めていったのだろうと推察できる。もちろん、「才女」とよばれた作家たちが優れた作品を発表し続けたことに違いはないし、そこに、旧来の女流作家とよばれた書き手たちとは異なる新しい文学状況が生まれたことも事実だが、マスメディアの視線でいえば、彼女たちの容姿は恰好の取材対象だったのである。

同特集も、巻頭に「早春譜」なるグラビア特集を掲げ、曾野綾子（作家）、杉田弘子（映画女優）、中原美沙緒（シャンソン歌手）、横山道代（声優）、吉行和子（新劇女優）、花柳照奈（日本舞踊）、福島秀子（画家）といった、「若き女流芸術家」たちを紹介するところから始まる。才女たちの華やかさは、読者に雑誌の頁を開かせるのに充分な魅力を備えていただろうと思われる。また、平林たい子、佐多稲子、壺井栄、小山いと子、円地文子、芝木好子、由起しげ子、曾野綾子、林芙美子、宮本百合子、岡本かの子、畔柳二美、池田みち子、深井廸子、大田洋子、大谷藤子、中里恒子、幸田文、網野菊、吉屋信子、宇野千代と並ぶラインナップも、同時代を代表する「女流作家」を網羅しており、読者には喜ばしいものだっただろう。

第三巻第六号は、橋本晴介が編集人としての最後を飾った号である。ここで『小説春秋』は、というう禁断の領域に足を踏み入れる。同誌は、露骨な性描写を雑誌販売の〝売り〟にするのである。「風流文学読本」というタイトルを掲げたこの特集では、官能的な描写をより多く含んだ作品で読者を惹きつけようとする狙いが露骨に示されている。実際の誌面を見ても、「裸婦三態」と題された大竹省二撮影によるヌードグラビアがある。それ自体はけっして猥褻さを前面に出したものではないが、『小説春秋』がヌード写真を掲載したのはこれが初めてであり、雑誌として重要な自制を解いたことは間違いない。また、本編前半の「情痴小説名作選」、中盤に挿入された「女将・閂・命拾い」(モオパッサン作/丸山熊雄訳)、「風流ミラノ夜話」(バンデルロ)、「金瓶梅」(小野忍・千田九一訳)などの翻訳、そして後半にある「風流小説名作選」なども、ほとんどが官能的な伝奇、小説の再録である。

この頃には、かつて巻末に付されていた読者投稿欄も編集部による後記もなくなっているため、それが読者からどのように受け止められたのかを知る術はないが、少なくとも、創刊当初の『小説春秋』がもっていた〝中間文学〟勃興への気概のようなものは感じられない。雑誌に生命が宿っているとすれば、『小説春秋』はこのあたりで精根尽き果ててしまったといえるのではないだろうか。

第三巻第七号では、再び剣豪・武将物が企画され、「剣俠武将読本」が世に送りだされる。編集部は、「剣豪の裔」と題したグラビアに力を入れ、多くの剣術流派を取材する。それまで数号にわたって、再録が多くなっていた誌面に梃入れし、わずかではあるが書下しの新作を掲載する。随筆武芸史という小特集では、真田幸村、塙団右衛門を描く高木健夫「戦国の英雄」、宝蔵院胤栄を描く戸伏太兵「日本武芸達人伝」、桃井春蔵を描く本山荻舟「近世剣客伝」を収録したうえで、桂小五郎、池田光政、柳生利厳、加藤嘉明、近藤勇、神谷伝心斉、阿部豊後守忠秋、清水次郎長、勝海舟、石田三成、山岡鉄舟、千葉周作、富田勢源、村田経芳に関するコラムを並べる。新しい編集人にバトンタッチされた直後とはいえ、この号は、『小説春秋』によくこれだけの余力が残っていたと思われるような多彩な誌面構成になっている。

こうして『小説春秋』はいよいよ最終号にあたる第三巻第八号を発行するが、結局、同号が掲げた特集タイトルは「風流小説特集」であり、二番煎じという印象を拭えない。また、ヌードとはいかないまでも、「悪戯な天使たち」と題して世界のストリッパーに官能的なポーズをとらせたグラビアも掲載している。檀一雄「真夏の夜の夢」、小山いと子「赤線の女」など、力のこもった新作もいくつか掲載されているが、その他は、有名作家が手すさびに書いた情痴小説が多く、特集として見るべき価値は少ない。それは、逆にいえば、橋本晴介が編集人を降りた段階で『小説春秋』の終刊がほぼ自明化されていたことを意味している。軟らかい内容の中間小説が中心とはいえ、当時の桃園書房にとって総合文芸誌を出し続ける負担はあまりにも大きかったのだろう。

戦前、新潮社に在籍して名だたる作家たちとの交流を経験するとともに、質の高い雑誌、書籍の編集に携わっていた橋本は、恐らく、文芸誌というものに対する強い矜持を持っていただろうと思われる。創刊当初からしばらくの『小説春秋』にはその理念が色濃く反映されている。だが、一九五〇年代後半の日本社会にあっては、類似した雑誌が雨後の筍のように発行され、熾烈な販売競争が繰り広げられていた。文芸誌でありつつ娯楽誌でもあるためには、読者の嗜好を敏感にキャッチし、各巻ごとに様々な特集テーマを企画する必要がある。編集部サイドも、できる限り著名な作家の作品を集めようとして様々な手段を講じていたと思われるが、途中からは新作だけで勝負することを諦めて、芥川賞、直木賞作品の再録など「この一冊ですべてが読める」という形式の特集版で売ることを考えついた。結果的に、それは雑誌としての性格を次々に手放すことにつながり、その寿命を短くすることになった。図書館にも所蔵されないまま歴史に埋もれてしまう結果になった。だが、橋本が率いた『小説春秋』が、当時の出版業界にはほとんどなかった斬新なアイディアを連発して一定の読者を魅了したこと、新しい書き手の育成に寄与したことは事実である。私たちは、この雑誌の創刊から終刊までの歩みを辿ることで、一九五〇年代後半における雑誌出版のありようと変遷を追認することができるのである。

4 『小説春秋』と松本清張の単行本未収録小説

さきにも述べた通り、『小説春秋』に関しては多くの巻が入手困難であり、全巻を通覧できる機関もないため、まずは内容の把握が重要と考え、ここまで各号の内容を簡潔に記してきた。この雑誌が、一部の情報を除いて完全に出版文化の歴史から置き去りにされていたことも確認した。そうした作業の結果として見えてきたことのひとつは、同誌に収録された小説作品のなかに、作家の著作目録やプロフィールから漏れているものが少なくないという事実である。

作家自身が、のちのちまで『小説春秋』に作品を発表したことを掌握していて、単行本を編む際にそれを収録した場合は作品情報が明確にされるため、読者が作品にアクセスする方法も確保される。だが、何らかの事情によって全集や単行本に所収されなかった場合（それは、作家自身が失念した場合、意図的に所収しなかった場合など様々である）、初出雑誌での確認がとれない作品はその存在そのものが忘れ去られてしまう。特に、この雑誌は、いわゆる大衆小説、中間小説系の作家が多いため、その傾向が著しい。

一方、同誌には有馬頼義、遠藤周作、尾崎士郎、海音寺潮五郎、北原武夫、邱永漢、小島政二郎、小山いと子、今官一、今日出海、獅子文六、柴田錬三郎、子母澤寛、白井喬二、瀬戸内晴美、檀一雄、寺内大吉、戸川幸夫、新田次郎、火野葦平、平林たい子、藤原審爾、藤原てい、船山馨、北条誠、松本清張、八木義徳、山本周五郎、渡辺啓助などの全集・単行本等未収録作品が掲載されており、『小説春秋』への作品発表をステップとして高度経済成長期を駆け抜けた作家も少なくない。そうした雑誌の特徴を考えるために、ここではその典型である松本清張に焦点をあててみよう。

一九五六年五月三一日付で朝日新聞社を依願退職した松本清張は、文筆専業に転じると同時に猛烈な勢いで小説を量産して作家としての地位を固めていく。折からの大衆小説・中間小説ブーム、週刊誌ブームが追い風となり、この年の清張は『新潮』『文学界』といった文芸誌、『サンデー毎日』『週刊朝日　別冊』『週刊新潮』『週刊読売』などの週刊誌、『婦人朝日』『文藝春秋』『キング』などの総合雑誌、そして『オール読物』『講談倶楽部』『小説新潮』『小説公園』『オール小説』といった大衆文芸雑誌に至るまで幅広い媒体に短篇小説を発表している。また、それと併行して初の新聞連載小説「野盗伝奇」（共同通信扱い、『西日本スポーツ』五月一七日〜九月九日）に取り組み、時代小説、通俗小説からミステリーまであらゆるジャンルを横断することで意識的に作家としての幅を拡げようとしている。職業作家としての生活を選んだ清張は、依頼された仕事を次々と引き受けることで収入と知名度をあげるとともに、作家としての構想力、執筆力を鍛錬しようとしたのであろう。

松本清張が『小説春秋』に掲載した作品は八本あるが、そのなかには全集・単行本等に収録されなかった作品が二本ある。ひとつは、いく先々で女に言い寄られる男の数奇な運命を描いた「女に憑かれた男」（一九五六年六月）という小説である。この作品は、第一章「検事調書（昭和二十四年五月）」、第二章「警察調書（昭和二十八年十一月）」、第三章「供述書（昭和三十年六月）」から構成されており、六年余りに及ぶ主人公の女遍歴が、担当検事、係官、警察官の訊問とそれに対する応答というかたちで記述されている。また、作品のラストシーンには、ダイナマイト爆発によって重傷を負った主人公が今際の際に何かを言いかけて亡くなる場面が用意されており、短篇小説としての完結性を期待して作品を読み進めてきた読者を意図的にはぐらかす仕掛が施されている。この作品は、時間をかけて練りあげられた秀作とはいえないし、対話形式が有効に機能しているともいえないが、清張は敢えてこうした作り込みに拘り、創作実験とでもいえるような手法を試みているのである。

たとえば、「女に憑かれた男」の主人公である「私」が人妻との姦通を犯して心中を企てたときのことを供述する場面には、「私は薬を嚥もうといったのですが、好子は首をしめてくれと言うのです。私の手で縊られながら死にたいと言うのです、それも二人の身体が密着したまゝやってくれと言いました。私はその要求の通りにしてやることにしました。最後の行為のとき、私は好子の頸を締めました。もっと強く、強く、と求めるのでその通りにしました。鼻翼で呼吸し、歯の間から声を洩らし、苦痛と陶酔に抵抗するように四肢を踏張つて身体を反るようにしていましたがやがて仮死の状態になりました」というように、阿部定事件に取材したと思われる記述が登場する。

一九三六年五月、待合茶屋で愛人・石田吉蔵の求めに応じて首を絞めながら性交するSM的行為に興じたのち愛人を絞殺し、その男性器を切断して逃亡するという猟奇的事件を引き起こした阿部定は、事件直後はもちろん逮捕後も盛んにマスコミに取りあげられる。織田作之助が「妖婦」（『風雪』一九四七年三月）を書いたことで「妖婦」の代名詞となり、戦後はカストリ雑誌の題材として人気を博す。また、殺人ならびに死体損壊罪の刑期を終えて出所（一九四一年五月、皇紀二六〇〇年の恩赦）したあとは、本人の言動はもちろん色情遍歴を綴った暴露本が数多く出回り、当時、無頼派の旗手であった坂口安吾との対談（『座談』一九四七年一二月・文藝春秋新社）を果たすとともに、自ら『阿部定手記　愛の半生』（一九四八年、新橋書房）を出版している。さらに、事件直後から地下出版のかたちで出回っていた阿部定事件の予審調書[3]が戦後になって人口に膾炙したことで、愛人・石田吉蔵とのあいだで繰り広げられた性交渉の様子が明らかになり、のちに大島渚が映画『愛のコリーダ』（一九七六年公開）を撮る。

職業作家になったばかりの松本清張が、検事・警察の調書や供述書という体裁で「女に憑かれた男」を書き、「最後の行為」の際に「二人の身体が密着したまゝ」「首をしめてくれ」と要求する女を描いた理由は恐らくそこにある。調書に刻まれた供述の迫真性に興味をもった清張は、阿部定をひとつの踏み台として、夫婦生活のなかで性的快楽に目覚めながら妻であることの倫理に縛られ、それを抑制せざるをえない状況に陥っている女の性欲を直視しようとしたのである。

こうして、好子との心中事件によって嘱託殺人罪に問われ二年八ヵ月の服役を終えた「私」は、活版印刷の職工となって棲み込みで働くのだが、出戻りの女から言い寄られて互いの性的飢餓を充たすうちに再び相手から心中を持ちかけられ、やはり女だけが亡くなることになる。ここに至って、多くの読者は「女に憑かれた男」という作品が心中未遂を繰り返す男の物語であることを理解するとともに、その原型が、若い頃から心中未遂を企て最後は玉川上水で愛人と入水（一九四八年六月一三日）した太宰治にあることを察知したはずである。

「座談会〝よろめき〟時代」（『婦人公論』一九五七年一一月）で暉峻康隆が、「戦後のベストセラー小説のほとんどが姦通ものでしょう。『武蔵野夫人』、『鍵』、『挽歌』、それに最近は『美徳のよろめき』。『挽歌』にいたっちゃ女房は女房、亭主は亭主、一家総出で姦通している」と発言したように、一九五〇年代の文学状況において特に読者の人気を博したのは姦通する女たちの登場と彼女たちのよろめき[4]であり、家庭を棄てること、夫を裏切ることへの躊躇と葛藤だった。実際、「渓流」が掲載された号の目次タイトルを見ても、柴田錬三郎「叫ぶ女」、池田みち子「未亡人」、石川利光「くずれる女」、戸川幸夫「消えた娘」など、世間の荒波にもまれながら身をもち崩していく女たちに焦点をあてたものが多く、そうした傾向の作品を書いてもらいたいという要望が編集サイドからあったのであろうと推測できる。

倫理を逸脱していく女たちは、自己陶酔と背徳意識のあいだを揺れていた。女を姦通へと促していく行為の主体はつねに男であり、女は男に求められるままに「よろめき」、そんな自分を恥じらわなければならなかった。だが、「女に憑かれた男」を描いた清張は、女の愛欲を能動化し、たとえ心中という結末になっても相手を支配し続けようとする「妖婦」のなかにその本質を見いだそうとしている。阿部定と太宰治という時代の寵児を代理表象するかたちで女の欲情を可視化しようとしている。それが作品の質を高める効果を発揮したかどうかは別として、他の作家とはまったく違う角度から女の愛欲というモチーフに迫ろうとしていることは間違いないだろう。

一方、もうひとつの「渓流」は人妻との道ならぬ恋に破れた主人公の「彼」が自分の素性を隠して山峡の温泉旅館で働くようになり、旅館の娘と惹かれ合うようになるものの寂寥感に堪えられず自殺してしまう話である。

松本清張は作品の冒頭に、自動車事故が起こったことで主人公たちの運命が狂っていくという展開を用意しているのであるが、それはかつて菊池寛が『真珠夫人』（『大阪毎日新聞』、『東京日日新聞』一九二〇年六月九日～一二月二二日、一九二〇年一一月に上巻が、一九二一年一月に下巻がそれぞれ新潮社より刊行）に用意したプロットの模倣である。また、人妻が家庭を顧みず若い男のもとに走るという設定は、ちょうど一九五四年一二月に封切られ、『読売新聞』（一九五四年一二月二八日・夕刊）が「印象的な〝恋する母〟」という見出しを掲げるほど世間に大きな衝撃を与えた映画「赤と黒」（原作／スタンダール、監督／クロード・オータン・ララ）を想起させるし、より大局的に見れば、人妻の姦通というテーマは、一九五〇年五月に二六日に検察庁がＤ・Ｈ・ロレンス作／伊藤整訳『チャタレイ夫人の恋人　上・下』（一九五〇年四月二〇日、五月一日、小山書店）の押収を指令し、六月に猥褻文書頒布罪による発禁処分となったことで係争が始まったチャタレイ裁判の圏域にも収まる。

逆に、この問題を主人公に思いを寄せる旅館の娘の側から捉え直すと、若い男との姦通が夫や世間に知られることを懼れて事故現場から立ち去った夫人を咎めるときの「世間にぱつと醜聞《スキャンダル》が知られることの怖さ、安全な家と生活が失われることの恐怖、あらゆるその奥さんの計算が弱い動物のような怯懦な本能となつて遁げ奔らせたのです」という台詞からも分かるように、彼女の人物造型には同時代の純潔教育(5)の考え方が露骨に反映されている。

さらに作品の後半では、素性を隠して働いていた「彼」が実は将来を嘱望される気鋭の学者であったこと、「先生」の庇護を受けていた「彼」は自らが引き起こした恋愛スキャンダルがもとで研究の道を断念し行方をくらましていたことが明らかにされるのだが、こうした設定は、新派劇や映画で繰り返し制作されてきた「湯島の白梅」（泉鏡化の『婦系図』を原作とし、学問の師である酒井俊蔵によって引き裂かれていく早瀬主税とお蔦の悲恋を描いたメロドラマ）の焼き直しに他ならない。結果として、「渓流」の世界にはいかにも新派芝居にありそうな偶然とすれ違い、相手を思うがゆえの虚偽、謎めいた登場人物の設定、時間差で知らされる真相などが横行することになるが、作者は敢えてそうした書割り的な世界を演出することで通俗というものの本質を見極めようとしているようにも見える。

以上は松本清張が『小説春秋』に発表した二つの作品から見える光景だが、それが同誌の性格を如実に物語っていることはいうまでもない。チャタレイ裁判で話題になった姦通問題、阿部定の猟奇事件や太宰治の心中、「よろめき」ブーム、そして姦通する女／純愛を貫く女を対立させ、菊池寛『真珠夫人』、泉鏡花『婦系図』やスタンダール『赤と黒』といった古典的名作に題材を借りてその構図を整える方法など。そこでは、同時代のゴシップ記事と共鳴する通俗性と、階層や身分に接続する社会機制のありようが巧妙に組み合わされている。娯楽性と社会性を併せ持つ風俗小説を前面に出すことで広汎な読者を獲得しようとする狙いがはっきりと示されている。

カストリ雑誌全盛の時代を知る橋本晴介の雑誌作りは、あくまでも読物＝フィクションを通して読者を魅了しようとする文学への信頼によって支えられていた。純文学でも大衆文学でもない中間小説、あるいは風俗小説にこそ新しい可能性があると考えていた。だが、出版社系週刊誌ブームの到来によって読者はそうした読物よりも、より刺激的な情報を求めるようになった。様々な伏線が引かれる読物のまどろこしさよりも事件や出来事を直截的に掘り下げていく取材記事へと関心が移った。『小説春秋』が高度経済成長期を生き延びることができなかった最大の理由は、読者が雑誌に何を求めているのかを正しく把握することができなかったことにあるのだろう。

（1）『小説春秋』の詳細は拙稿「雑誌「小説春秋」はなぜ歴史に埋没したのか？　附・総目次」（『叙説Ⅲ』10、二〇一三年九月）に記した。『小説春秋』には全集・単行本等未収録作品も多いが、そうした書誌的事項に関しても同論を参照されたい。なお、本稿は同論考と「職業作家・松本清張の出発―全集未収録小説「女に憑かれた男」、「渓流」を読む」（『大衆文化』第12号、二〇一五年三月、立教大学江戸川乱歩記念大衆文化研究センター）の内容を踏まえて改稿したものである。

（2）桃園書房は、二〇〇五年九月に東京地裁から破産宣告を受けて倒産した。丸山昇「老舗出版社「桃園書房」破産をめぐる舞台裏」（『創』二〇〇七年一〇月）は同社の破産宣告について、「アダルトの世界では知らぬ者のない老舗出版社が先頃、破産宣告、「企業買収」直後の本社用地売却、いまどき常識外れの積極経営など、破産に至る不可解さを口にする関係者も……」と指摘している。同記事には、「桃園書房は、最近ではクロスワードの雑誌も出していたが、元々は大衆的な一般書籍の出版社として創業された。それもあり閉鎖される前のホームページには、「桃園書房の出版活動の協力者」として、50人あまりの多才な顔触れが列記されていた。たとえば赤川次郎、宇野鴻一郎、大下英治、牛次郎、志茂田景樹、団鬼六、富島健夫、夢枕獏、花村萬月、山手樹一郎……等の各氏。また、「桃園書房は、学園紛争華やかなりし頃の闘士にとっても、駆け込み寺的な就職先のひとつだった」（出版関係者）との逸話も残されている」と報じている。

（3）予審調書は本来外部に流出するはずのない記録だが、一九三七年には何者かによってそれが持ち出され『艶恨録』として一冊五〇円もの高値をつけていたという（前坂俊之編『阿部定手記』中公文庫・一九九八年二月より）。

（4）三島由紀夫『美徳のよろめき』以前の「よろめき」ブームに関しては、菅聡子「「よろめき」と女性読者―丹羽文雄・舟橋聖一・井上靖の中間小説をめぐって」（『文学』二〇〇八年三・四月号）を参照されたい。

（5）戦後、文部省が有識者を集めて発足させた純潔教育委員会は一九四九年二月に「純潔教育基本要綱」を発表し、「男女間の道徳の低下、青少年の不良化、性病のまんえんは、今や重大な社会問題となり、さらに発展してわれわれ日本人全体の民族的な問題となりつつある」、「将来の健全にして文化の香り高い新国家を建設するためには、純潔教育の適確かつ徹底的な普及によって根本的にこれを解決する必要がある」と指摘した。一九五〇年四月には純潔教育分科審議会編集で『男女の交際と礼儀』が発行され学校教育の現場で活用された。

第2章　《労働》の発見
――映画集団「青の会」とスポンサード映画の超克

岡田秀則

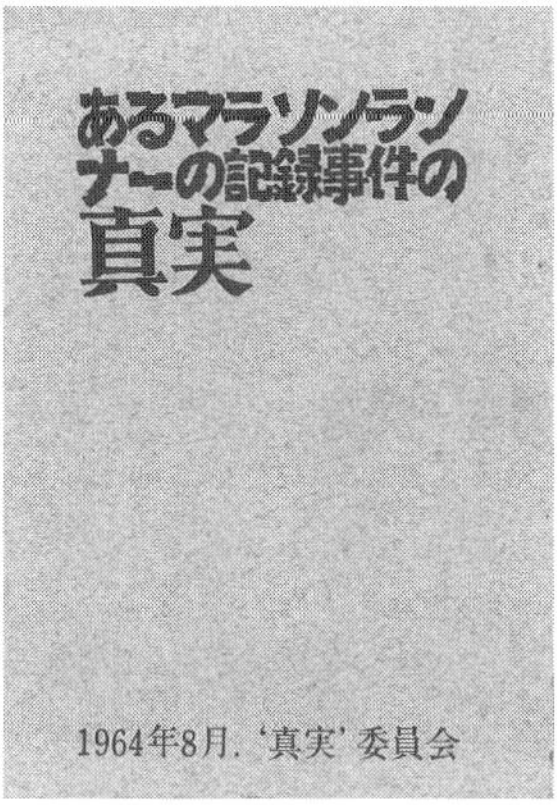

冊子「〃あるマラソンランナーの記録〃事件の真実」
（一九六四年）

1　《ドキュメンタリー》は自明のジャンルではない

一九八九年に第一回が開催された山形国際ドキュメンタリー映画祭は、ドキュメンタリー映画を専門とするアジアで最初の映画祭である。呼びかけ人であるドキュメンタリー監督小川紳介の念頭に当初からあったのは、この分野におけるアジア諸国の関係者との交流であった。なぜなら、それまで日本をはじめとするアジアのドキュメンタリーは、欧米の研究者において稀にしか語られてこず、その存在自体が国際的な認知に至っていなかったからである。例えば、ドキュメンタリー映画史を顧みる際に不可欠な名著であるエリック・バーナウの『世界ドキュメンタリー史』（原著一九七六年、邦訳一九七八年、風土社）は、一九七〇年代前半までに製作された作品を扱っているが、日本や他のアジア諸国に関する記述をほとんど持たない。それを大幅に改訂した新版の『ドキュメンタリー映画史』（原著一九九三年、邦訳二〇一五年）には一九九一年までの作品が加えられ、七〇〇〇人以上の作家に取材した結果、日本の作家ではようやく亀井文夫、羽仁進、土本典昭などが意識的に取り上げられるに至った。だが実際には、亀井の活躍や戦後のニューウェイブとしての羽仁の登場はその遥か以前のことであり、土本や小川紳介もすでに一九六〇年代から映画作家としての活動を始めていたとすれば、日本国内の映画観客は「国産ドキュメンタリー」の発達や成熟をずっと早くから認知していたわけである。その落差の大きさは、いま改めて指摘するに値する。

ただそれだけに、国内の情況だけに視線を遣り、日本のすぐ外側の事情にまで思いを馳せられなかったことも、時代の制約とはいえ事実であろう。第一回の上記映画祭で開催されたシンポジウム「アジアではなぜドキュメンタリーが生まれないのか」は、日本の観衆にひとつの驚きを与えた。なぜなら、日本ではそうした社会情況への批判的視座から撮られたドキュメンタリーが存在していたにもかかわらず、他のアジア諸国においてはそうした動きがほとんどなく、むしろ「ドキュメンタリー＝政府の宣伝映画」という認識に覆われていたことを知ったからである。その印象はまず、近隣諸国の政情に対する無関心の反映であろうが、それを「映画」という場で見せつけられたことは少なからぬインパクトになったと思われる。

マレーシアの映画評論家スティーブン・テオは以下のように書いている。

> 日本そして恐らくインドを別にすれば、アジアのほとんどの国には長編ドキュメンタリー映画製作の素地はあまりない。日本に近い東アジアや東南アジアに限れば、事実上、不毛といってよい。（…）東南アジアにおけるドキュメンタリー映画に対する固定した紋切り型の考え方は、まさに小川監督がいっているように、単なるレポート（ジャーナリスティックなルポルタージュや、さらに悪い場合には、多国籍企業のPR映画やCM、政府機関の見えすいたプロパガンダ、観光映画や紹介映画などのように現実そのものや美しさに目を閉ざしたフィルムなど）にすぎない。いうまでもなく、これらの映画は〝ドキュメンタリー〟という考えの滑稽な模倣にすぎない。(1)

例えばタイやインドネシアなど東南アジアの多くの国では、ノンフィクションといえば政府系の「ニュース映画」がもっとも中心に座っていたジャンルである。ここでテオは、なぜアジアではドキュメンタリーが生まれないのかを自問するよう、映画作家たちに問いかけている。もちろん後述のように、権力の広報としてのノンフィクション映画は、経済成長を遂げた日本でも無数に生み出されてきた。とするならば、むしろこうした日本の例外性は何に根差したものなのだろうか。そしてここで明らかになったのは、社会の矛盾を直視し、作家としての視点に貫かれたドキュメンタリーという分野の生成が、何ら自明のものではないという事実である。独立した作家による表現としての〝ドキュメンタリー映画〟というスタイルは、どのような条件のもとで成立するのだろうか。それを戦後日本の環境において考えてみたい。

2　戦後ノンフィクション映画の風景

映画館の外の観客

本稿は、日本の戦後経済成長という特別な環境の中で、いかに「ノンフィクション映画」という枠組が変化し、企業・官公庁によるスポンサード映画（ＰＲ映画）が人知れず空前の隆盛を見せた一方、一九六〇年代にはこの匿名的なジャンルへの批判的な視座からいかに新たな主題性や表現が生まれたかを検証する。そして、それを主に担った岩波映画製作所内の若手グループ「青の会」の意義と、彼らがもたらした映画作法の変容についても触れる。

言うまでもなく、映画産業の成立以来、その中央を常に歩いてきたのは劇場向けのフィクション映画である。それらは、脚本や監督の演技指導に従った俳優たちが、一般の観衆に向けて定められた一つのストーリーを語るものである。それらのほとんどは大手製作会社の寡占体制のもとで成立した商業的基盤の上で製作され、かりに時の権力のイデオロギーを取り入れたものであろうと、また逆にそれに反発を示そうと、まずは収益を得ることが一義的に求められた。

しかし、常にその陰にありながらも、脈々と製作が続けられていたノンフィクション映画の場合はどうだろうか。ノンフィクションは、事実上の前提として大衆娯楽としての地位には登ることはなく、むしろ常に特定の目的に沿って、特定の観衆に向けて作られるものであった。戦後急速に普及した教材映画であれば学校の教室で、占領下の日本でアメリカ軍が彼らなりの民主主義を人々に教導しようともたらしたCIE映画であれば、各地の公民館などで、町場の映画館をめぐる市場原理とは独立して上映されていた。こうした映画は、特定の資金提供者が、特定の目的を持って、特定の観客のためにプロデュースを行うものであり、そのポリシーの中で映画の製作スタッフが組織されてゆく。また、一九五〇年代後半からは、『カラコルム』（一九五六年）を嚆矢とするスペクタクル性の高い劇場向けのドキュメンタリーも現れるようになり、ノンフィクション映画の製作・公開の形式はさらに多様化した。こうした視線で捉えると、ノンフィクション映画の歴史性とは、それぞれのフィルムに収まる《もの》や《こと》の歴史だけでなく、「誰がその映画の製作資金を調達したか」、そして「誰がキャメラを握っていたか」、さらに「誰に見せることを想定した映画か」を検証し、その関係性の系譜と構造を捉えることでもあると言えよう。

産業ＰＲ映画の思想的変遷

一九五〇年代の高度経済成長が、ノンフィクション映画界に直接的にもたらしたジャンルを一つ挙げるとすれば、それはスポンサード映画（ＰＲ映画）であろう。つまり企業や官公庁といったスポンサーが資金提供者となって、それらの活動や製品などを宣伝するために作られた、主に短篇作品からなる分野である。企業スポンサーの映画であった場合、「産業映画」という呼称も頻繁に使われた。

吉原順平は、第二次世界大戦後の日本のＰＲ映画を三つの時期に分けている(2)が、その変遷を代表的な作品や製作の背景から追ってみたい。

まず、敗戦後すぐに生まれた諸作品のスタイルを、吉原は「文化映画型」と呼んでいる。まずそれらは、戦争で諸分野の産業が大幅に弱体化したことから、生産の復興に重きが置かれていることを特徴とする。この時期の作品に目立つのは、戦前・戦中にあった劇場向け「文化映画」からの連続性である。映画法（一九三九年制定、一九四五年廃止）の庇護のもとで強制上映が定められたことで一定の隆盛を見せたものの、戦況の悪化とともに戦争プロパガンダの手段へと変容していった「文化映画」は、戦後はまず、その初期にあった栄光の回復を志して製作が再開されたと言えるだろう。『或日の干潟』（一九三九年）で戦前期の文化映画をリードした下村兼史が、新天地の東宝教育映画を基盤に再び生き物の生態記録映画で復活するなど、この分野を志した人が「文化映画」の理想を再び求め始めたことは、『こんこん鳥物語』（一九四九年）ほかいくつかの良心的な教育用作品からも明らかである。

また、軍国主義の浸透した日本人に新思想を訴えようとするための平易さや、それゆえに各作品がまとわざるを得なかった説教臭さが目立つのもこの時期である。それは例えば、亀井文夫の『自由の声日本の悲劇』（一九四六年）が、戦時期のニュース映画のフッテージを次々と展開しながらも、徹底したナレーションの付け替えやスーパーインポーズの付加でその意味を正反対に読みとらせようとしたこと、そして丸山章治の教育劇映画『こども議会』（一九四七年）が、学校の民主化を主題としながらも、出演する児童たちのせりふ回しの不自然さから、この新思想に基づく脚本もまた押しつけに過ぎないことが露呈している点に象徴される。これらは、特定のスポンサーにより発注された映画ではないが、実質的には占領を背景とした広義の宣伝映画ではあったと言える。

しかし、この時期に数少ない実質的なスポンサード映画があるとすれば、それは労働組合の依頼で製作された一連の作品であろう。その主な担い手となったのは一九四七年に生まれた労働組合映画製作協議会（労映）だが、前年の一九四六年にはすでに記念碑的な力作『驀進』（岩佐氏寿監督）が生まれ、続いて全国繊維産業労働組合同盟が出資した『少女たちの発言』（一九四八年、京極高英監督）、全日本海員組合の『海に生きる』（一九四九年、柳澤寿男監督）、労映国鉄映画製作団の『号笛なりやまず』（一九四九年、浅野辰雄監督）などが送り出されている。だがこれらの作品は、前述の宣伝映画に比してプロパガンダ臭が薄く、むしろ労働者たちが勤労する現場に肉薄している点で、むしろ後年の人間が〝ドキュメンタリー〟と呼ぶところの「作品性」がくっきり前面に出ている。

続いて、ノンフィクション分野に岩波映画製作所、日本映画新社といった戦後派の新プロダクションが誕生したことで、「文化映画」の残滓を振り払おうとしたのが「教育映画型」だと言えるだろう。例えば東宝教育映画は、上記の通り理想を追う形での製作を続けてきたが、歴史的な労使衝突となった東宝争議（一九四六―一九四八年）の一翼として深く関わったことから、事実上の解体を余儀なくされる。また一九五〇年には、北海道大学教授の中谷宇吉郎の研究室を母体として岩波映画製作所が創立され、科学的な実証性の不在が軍国主義を呼び寄せたという認識から、科学に基づいた知識を普及させるという使命を抱いて第一作『凸レンズ』（一九五〇年）を製作、この延長にいくつかの良質の名作教育映画が生まれた。しかし、教育映画の販路はまだまだ狭く、経営的には苦闘を重ねていたところ、そこに一つの希望として見出されたのが企業などによるスポンサード映画であった。教育映画はプロダクションの本来の使命とされてきたが、スポンサード映画へ比重を置いて以降は、教育現場から徐々に乖離してゆくことにもなった。ニュース映画の先導者であり、当時東宝教育映画とならんでノンフィクション分野で気を吐いていた日本映画社も、日本映画新社（一九五二年創立）へ再編され、この頃から多数の短篇映画プロダクションが活動するようになる。とはいえ、こうした産業PR映画も、科学的な教育映画の延長として生まれたという点は確認しておきたい。

そして、多くの民間企業がPR映画に乗り出すことになったことではっきりしたのが、一九五〇年代後半から目立つようになった「産業映画型」であろう。ここでは、個々の作品は、出資した企業の意のままに、自画自賛調のトーンが明確になっている。いわば、この段階では、発注者はもはや「スポンサー」というより「広告主」になったかのような感を与える。「産業映画型」の完成を示す象徴的な作品が、電源開発株式会社の資金を得た『佐久間ダム』（第一部一九五四年、第二部一九五六年、第三部一九五七年）である。この作品は、岩波映画を、時代を代表する産業映画プロダクションとして世間に知らしめるようになる。日本証券投資協会が、『PR映画年鑑』を創刊するのは一九五九年のことだが、このことは実業界にとって、産業映画を作ることが一つの欠かせない事業として認知されたことを意味する。だがそれは総じて、PR映画への依存が本来の理念を希薄にしてゆく道のりだったことも示しているだろう。

3　岩波映画製作所の位置と「青の会」

〝例外〟としての岩波映画製作所

先に述べた通り、戦後の科学映画の拠点として築かれた岩波映画製作所は、作品のクォリティを重視する当初の理念にもかかわらず、結局はPR映画の受注に支えられて繁栄を築くことになった。しかし、この業界をリードする存在となっても、この理念を必ずしも放棄せず、共存させせようとしたことで、むしろ例外的なポリシーに貫かれたプロダクションでもあった。当時の映画雑誌「映画評論」に連載された「撮影所研究」の中で、同社のスポンサード映画の情況が以下のように述べられていたことは、その特質を伝えてくれる。

ＰＲ映画については「映画製作における岩波三原則」というのがある。小林専務の語るところでは、第一にいい作品を作る、だから第二に、製作費はどうしても高くなる。第三にスポンサーのいうことはきかない。これが三原則である。小林氏の説明では、三原則とはいっても、じつはいい映画を作ることが大原則になっていて、その他は副次的なものであるという。いい映画を作ることを目標にすれば、製作期間も長くなり、製作費がかさみ、金がかかることはさけられない。しかも映画の表現について、スポンサーが介入してきては、いい映画は作れない。もちろん「映画の意図については、スポンサーの意向にそうように努めるが、映画の表現については、譲歩できない」ということであった。だからこの三原則に不服ならば、映画を作ってさしあげるわけには、いきません、ということになるらしい(3)。

ここで「岩波三原則」として示されているのは、ＰＲ映画が抱えざるを得ない本質的な矛盾をあらかじめ封じようとする試みである。つまり、スポンサーの要求に対して、作り手の表現を優先させるという発言は、「発注→受注」という権力関係をあらかじめ逆転させるマニフェストである。これを文字通りに遂行することは実際には困難であり、実際に岩波映画が携わったＰＲ映画全体を考えるならば、当然ながらスポンサード映画のセオリーをくみ取った作品が大半を占めている。しかしここから見えるのは、スポンサード映画においてさえ、表現者としての突破口は開けているのであり、そこに可能性を賭けることもできるという意識を撮影現場に植え付けたことだろう。

「青の会」とは誰だったのか

このことは、岩波映画製作所の周辺で、さまざまな雇用形態で働いていた若手のスタッフを刺激した。PR映画という、作り手の意思とは別の論理で動くこのジャンルに対して不満を持つこのグループは、いつしか自身たちを「青の会」と呼ぶようになる。その名の由来については不明な点が多いが、ピカソの「青の時代」にも触発された、若さ、新世代を象徴する色としての「青」であったようである(4)。では実際に「青の会」の活動とはどのようなものだったのだろうか。土本典昭、岩佐寿弥などの回想によれば、そこには組織としての実態はほとんどなく、ただ活動として「映画をめぐって議論すること」があったのみのようだ。

「青の会」が「会」かどうか、いまだに僕は不明瞭です。座長がいない。会則、会費もない。だれがなにを喋ってもいい。映画はスタッフワークですから、演出もキャメラマンも録音も編集者も現場の仲間はみんないました(5)。

黒木和雄、土本典昭、小川紳介、東陽一、それに鈴木達夫、大津幸四郎、奥村祐治、田村正毅、みんな映画というものに向かって情熱の炎を燃やしていました。そのような若い演出部や撮影部の若い面々たちによって自然と渦巻いた不定形の運動体が後に「青の会」と呼ばれるようになったのです。アラン・レネやゴダールのこともよく話し合いましたが、それよりも自分たちが関わる映画についての研鑽が主で、新宿で朝まで飲みながらお互い切磋琢磨する日々といえば美しいが、まあ無頼の夜々を過ごしていたのです。(…)実は「青の会」といっても何ら規約もなく組織もなく、そこには何もなかった。その日そこへ来た人間が「青の会」なんです。確かに先程上げたような名前の人たちがいつも来るメンバーでしたが、「青の会」というのはその人たちに固定されていたわけではないのです。岩波映画の職場で若い人たちによる竜巻のようなうねりの運動が起き、互いに研鑽しあい、妥協を許さずに批評し合っていた。だから実態としての「青の会」があったわけではないと思うのです。(6)

この不定形の活動が、具体的にいつ頃はじまり終わったのかを確定することは難しい。上記のスタッフが岩波映画に集う時期を考えると一九六〇年前後に始まったと考えるのが自然であり、岩佐の上記インタビューで「私たちが岩波映画を辞める前後が活動のピークだと思いますが、それからも二、三年は「青の会」的な集まりは続きました。しかし、次第にそれぞれが自立した映画の仕事に集中していき、自然とその場はなくなっていきました」と書いていることから、岩佐が退社した一九六四年前後まで続いたものと推測される。この年は、すでに岩波映画を退社していた黒木和雄が東京シネマの製作で『あるマラソンランナーの記録』を発表した年であり、この作品をめぐって作家表現の貫徹を主張した「青の会」側と、ＰＲ映画としての体裁を保とうとした東京シネマ側の対立が極限に達したことからも、(7) 彼らが数年にわたって実質的にＰＲ映画の実践を問い続けていたことが分かる。

黒木和雄の選んだ道

とはいえ「青の会」は、議論をベースにした集団だっただけに、思考のベクトルからみて常に一枚岩だったわけではないようだ。その中心にいた演出家の中で、一人だけほかと志向を異にしていたのが実質的なリーダーと見なされていた、この黒木であろう。のちに劇映画の監督として一時代を築くことになるが、この時期は産業映画という場に飽き足らず、「産業映画らしからぬ産業映画」を連打することで、その矛盾に挑戦していた。その軌跡は、合成繊維の宣伝映画をミュージカルに作り直した『恋の羊が海いっぱい』（一九六一年）や、北海道庁のＰＲ映画『わが愛北海道』（一九六二年）にアラン・レネ『二十四時間の情事』（一九五九年）のストーリー構造を導入し、男女の出会いのテーマを前面に出したことでも明らかである。その主張は明快だ。

岩波映画はやがて自分が作りたい映画のレッスンをする場所である、そういうトレーニングをする場所だという風潮がありました。しかし、黒木和雄さんは「岩波映画でつくるＰＲ映画も自分の表現した作品作りだと考えるべきである。そう考えなければいつまで経っても自分の映画を作るときはやってこない。」と言いました。僕はその言葉を何度か聞かされて、その清々しさに心動かされましたね。「今はこんなことをやっているが、やがて…」という姿勢を拒絶していたのですね。(8)

ここで岩佐寿弥は、黒木の言葉として、岩波映画における映画作りも、技術的鍛錬と芸術的表現を分離して考えるのではなく、すべての実践に表現を与えることができるという主張を聞き取っている。いま自分が関わっている映画と「自分が作りたい映画」を分けて考えないこと、黒木のその主張は必然的にPR映画というジャンルそのものに対する挑戦になっている。ただそうした果敢さが、PR映画の変革の試みとしては認められつつも、必ずしも広汎な支持を得ていたわけではないことは、以下の文からでも明らかである。

もちろん克服の方向は、まだ模索中であるが、若い芸術家の間ではかなり意欲が動いているように思われる。若い芸術家たちは、PR映画の定式化と、それによる経営の安定化が岩波映画にもたらしている泰平ムードを〝PRぼけ〟とよんで、これを打破する努力を重ねている。(9)

PR映画の芸術化もいいが、記録映画の使い道をもっと多面的に開発してゆく必要があると思う。(10)

違和感を持って「PR映画の芸術化」と名づけられたような黒木の試みは、岩波映画の中でもあくまで例外的な実践である。ここで黒木は、いわゆる映画への愛着を臆面もなくさらけ出すと同時に、「泰平ムード」のプロダクションの中で映画作家という「個」がいかに「資本」に対峙することができるか、その実験の場をPR映画に求めてもいる。しかし、フィクションの構造を導入しようとする黒木の欲望は、現実社会を切り取るノンフィクションの語りの構造を変革することとはまた別であろう。それではノンフィクションという枠組みに対して、「青の会」はどのような実践を対置させたのだろうか。

4　PR映画の超克

編集という権力をめぐって

そこで、再びPR映画の映画観に戻ってみるべきだろう。まず先に述べた通り、PR映画は、それ自体が人々の娯楽を目的とした「商品」ではなく、かといって芸術的価値を論じるべき「作品」でもない以上、それを作った人間たちを匿名性のうちに押しやるものである。そこでは作家的表現は封じられ、より画一的な文体が求められる。それは、新たに生まれてくる《もの》、《こと》を肯定的に、フラットに、あるいは時には増幅して世界に示す行為であり、その集積は世界全体の最新の姿をフィルムに収めることができるという、いわば《征服》的な視線の成立と軌を一つにするものである。

そのことを象徴するのが、このジャンルにおける編集という作業の特権的な位置である。例えば、黒木は、この分野をリードした伊勢長之助という編集技術者に学んだ経験を以下のように回想している。

Y：その頃、どのような編集をやっていたんでしょう？　今みたいにスティーンベック［著者註：フィルムの編集台］はありましたか？

K：ムビオラ［著者註：フィルムの編集機材］でフィルムを全部繋いでいくんです。

Y：なんか話しによると、手でぶっ千切って、繋いでいったみたいなことを聞いたりもするんですけど。

K：急ぐ時はそうでしたね。縦横無尽にフィルムと戯れるというか、自在な感じでした。フィルムも伊勢長之助の手の中で踊っているみたいなね。ほとんど切っちゃうとあんまり余ったり、短くなったりしすぎないんですね。非常にオーソドックスな奇をてらわない形だったのが、却って僕にとっては良かったですね。非常に前衛的な繋ぎじゃなくて、非常にオーソドックスな、万民が分かる映画の文法に則ったものですね。

Y：そういう時の監督との力関係は、編集者が偉かったら監督があまり口出しできないとか？

K：ほとんどの監督はあって無きがごとくです。彼には監督に対する遠慮は全く無かったですね。一種の編集の神様扱いで、監督は伊勢さんには何も言えない。(11)

これに加えて小川紳介は、ＰＲ映画における「撮影」と「編集」の乖離をさらに明確に指摘しつつ、それへの鋭い違和感を表明している。ただそれは、伊勢の持つ技術への感嘆の念と同時に抱かれた批判であることも分かる。

リズミカルな非常にテンポのいいモンタージュ、そして整合性。整合性というのは、ものの秩序を整えていくという意味だけどね。カメラの引き・寄り・引きとか、寄り・寄り・引きとかの編集があって、それによって違ってくるでしょ、リズムが。トントンパッといくか、トンパッパッといくかによって違ってくる。僕はそういう編集がまったく嫌いだけど、多くの優れた産業ＰＲ映画はそうなってる。（…）僕は伊勢さんには助手で付いてるんだけど、当時を思い返すと、あの人は絶対現場に行かなかった。「現場に行くとフィルムがよう見えんようになる。オレはフィルムを見ればいいんだから、現場へは行かん」といってね。僕はそれに対してものすごい批判があった。[12]

さて、伊勢長之助の編集である。ムビオラ（フィルム編集機）にむかって伊勢さんは鼻歌まじりにフィルムを縦横無尽に切っていく。当初はフィルムをつなぐのも忘れてその伊勢さんのリズミカルな編集ぶりに驚くばかりだった。（…）オールラッシュを最初映写する。伊勢さんの場合、ほとんど一回の編集できまっていて微塵の狂いがない。まことにオーソドックスなカッティングであった。ロングとアップ、間あいの長短、フェイドアウト、オーバーラップと過不足なかった。私は次第に伊勢長編集の特徴がよみとれるような気になってきた。伊勢さんはどの作品も自分の呼吸、リズムにひきよせて作品を完成させてしまう。伊勢作品はそれでいい。しかし編集をまかせたその映画の作家自身の生理はどこにあるのか。映画の編集とは作家自身の呼吸と息づかいが生かされなければならない。その作家固有の世界は、映画の編集過程においても貫通されるべきなのだ。伊勢さんを

反面教師にしてこのことを私は知ったのである。(13)

ここにあるのは、「リズム」や「呼吸」、そして「整合性」によって支配されるひとつの映画ジャンルの姿である。このように、「編集の神様」伊勢のもとで、「万民が分かる映画の文法」を完成させようとしていたPR映画は、演出家さえも凌駕するような編集の規範性を生んでいた。それはまた、このジャンルにおける個々の映像はあくまで編集に供される素材にすぎないという「素材主義」にもつながるだろう。その底に流れるのは、撮影現場に対する編集の優位という思想であり、そこがやがて「青の会」による批判の主な対象になってゆく。黒木は「その映画の作家自身の生理」において、伊勢編集が備える隙のない整合性を乗り越えようとし、結局「撮影現場による編集権の奪取」が最大の争点となっていった。

分業体制の否定——映像を共有すること

撮影現場が編集をプロに任せるのではなく、自らで、あるいは感覚を共有する仲間が行い、映画作家としての「生理」を活かすという実践は、PR映画に新しい相貌をもたらした。それは黒木の敢行した「芸術化」あるいはフィクションの導入だけではない。プロフェッショナリズムの分業制に対する抵抗としての、集団制作の実践である。それを土本典昭は以下のように語っている。

ところが記録映画は、（…）若い人をどんどん起用する代わりにカメラマンが助けてくれる、あるいはカメラマンとうんと話し合ってやりなさいというのが社風でありましたから、僕は当然、カメラマンと一番一生懸命話すわけです。だから、カメラマンと演出家の上下関係がない。

劇映画と違って記録映画の場合には、その時に最良の条件で、突然起きるかもしれない出来事や発言に対して、カメラマンも録音マンも、あるいは照明も演出家も横並びで、ある出来事を待ち受けるという形にどうしてもなります[14]。

現実に目前で起きていることに対しては、スタッフのひとりひとりが「横並び」に対峙するしかない、そのことがノンフィクション映画の新しい課題となった。もちろん、映画撮影にはキャメラマン修業を経た人間にしかできないスキルが存在する。それは照明や他の職能においても同じだろう。しかし、それに関わる全てのスタッフが、いま作ろうとしている映画を共有することはできないのか。そのために「青の会」は、過去の「文化映画」的映画人が当たり前のように続けてきた多くの風習もさらに断ち切った。例えば土本は、スタッフが垣根を越えてラッシュフィルムを共有することの重要性を力説している。

土本：そこでやはりこう、どうしても雰囲気として分かってくることは、岩波映画に出入りする映画人たちの記録映画手法の流れが、ある曲がり角に来ているということでした。(…)たとえば、シナリオとかシノプシス的にはかなり社会批判を入れながら、作品の編集や構成段階ではサラッと〝映画的処理〟をやってのけるという職人芸に対して懐疑的になりました。[15]

僕はいまでも撮れたラッシュは誰にもみせて、「どう思う、やっぱりよくないか」などと意見を聞きたがるタチですが、昔気質の映画人は「スタッフ以外、ラッシュ試写に入室を禁じる」みたいなことが不文律としてあったらしい。外部契約者のベテランたちはそんな気風を持っていましたが、若い、いわば横並びの水準の僕らにはむしろ滑稽でした。「青の会」の連中は、「誰それのラッシュが上がったぞ」という試写室にはいって、みんなで見るのは当り前でしたね。だから、触発される映像を発見すると、みんなで興奮して、「これについて、今晩飲もうぜ」みたいになる。[16]

ラッシュを共有することとは、分業を絶対視することとの否定、そしてスタッフ序列の否定につながるだろう。さらにそれは、その後に待ち構えている編集を、単独の「職人芸」に供したりしないという意思表明でもあるだろう。よって当然ながら、重視されるのはひとつひとつの映像の力であり、「青の会」にとってのPR映画が、画面そのものの力を発見する場所にもなったことは指摘したい。土本は、のちにキャメラマン瀬川順一との対談では以下のように述べている。

土本：鉄ってなんて蠱惑的なんだろうと思ってしまう。蠱惑的というのは鉄そのものより撮り方、見せ方なのね。キャメラマンが鉄と一緒に踊っているような、お手々つないでダンスしているような映画でね。鉄が走ればカメラも走り、鉄が焼ければ、自分も熱くなるような、つまり鉄とカメラの詩といったものなんだなぁ。[17]

瀬川：「凝視に耐える絵」っていうのは何かというとね、人の顔なら顔、物なら物、なんにせよやっぱり質感なんだよね。[18]

ここにあるのは、もはや鉄を産業システムの中に捉えるのではなく、一種の擬人法によって「主人公」と見なし、表現者としてそれに荷担しようとしている映画作家の姿である。ここからも、編集の支配を脱してから映像そのものの価値を見出そうとするドキュメンタリー作家の姿勢が強く感じられる。《もの》に映像で生命を与えようとするこの実践は、作品の構成法ではなく、ひとつひとつのショットが持つインパクトを重視する「青の会」の映画観の行き着くところかも知れない。

《システム》から《人間》へ

土本の初期の代表作となった『ある機関助士』（一九六三年）は、まだ蒸気機関車の走る上野＝水戸間の列車がいかに運行されているかを、そこに乗車する機関助士の視点で記録した国鉄のＰＲ映画である。

密なダイヤグラムの中、いかに事故を起こさずにすべての列車を時間通りに動かすか、それは乗客にとっては当然のことであり、なかなかその実務を想像することは難しいが、そこで主に描かれているのは、最新の安全システムではなくあくまで人間の働く姿である。それに続く、警視庁のＰＲ映画として企画されながらお蔵入りとなった『ドキュメント 路上』（一九六四年）もまた、混乱きわまる東京の路上交通を、タクシー・ドライバーの労働と身体に迫ることで描写した一本である。

このように「青の会」は、ＰＲ映画をいわば反面教師にして徐々に「製品」や「システム」ではなく人間の身体を捉えることに執着するようになった。それは『ある機関助士』における労働者の疲労測定のシーンでも分かるが、その視点においてひとつの到達点とも呼べる作品が、富士フイルムのＰＲ映画を、東京オリンピックを控えた君原健二という長距離ランナーのひたむきな練習生活のクロニクルに作り替えてしまった、前述の『あるマラソンランナーの記録』（一九六四年）だろう。

あらゆる芸術作品は、例えそれが自ら「読み人知らず」と称そうとも、その背後には作者が生きている。一九六四年五月十三日、日活系映画館によって封切られた『あるマラソンランナーの記録』は、「読み人知らず」つまり作者不明という奇奇怪怪な作品であったが、それでも、スクリーンの背後にスタッフは生きている。作品そのものは、タイトルが一方的に変えられ、エンドタイトルの前にコマーシャルが入れられ、傷だらけになりながら、それでもなを君原選手とともに、人間の存在を問いつづけたそのスタッフの生命は息づいている。(19)

脚の不調の中でランニングを重ねる君原の苦闘をいかに描くか。ここにあるのは、《もの》と《人間》のどちらを撮るのかという作家主体をめぐる問いであり、「撮る」側と「撮られる」側を結ぶ紐帯のようなものであろう。この時、疎外されてしまうのはむしろ資金を提供したスポンサーであり、そこにPR映画という制度をめぐる矛盾が露呈することになる。

5　まとめ

経済成長をバックにした、こうした企業宣伝の盛り上がりが映画に与えたものはいくつかある。まず改めて強調しておきたいのは、戦後のPR映画が、高度経済成長を後ろ盾として一つの確固たる映画文法を持ったことである。それは逆に言えば、映画の文法が、具体的な産業や経済システムと出会った時、そこにひとつの規範が生まれ、それに沿って一群の映画が画一性をもって生み出されるということでもある。

だからこそ、「青の会」はその規範を執拗に問い、未定型の「映画」に向かって船を漕ぎ出した。こうして、「撮られる」側に対する「撮る」側の荷担、あるいは一体化への志向を見出した「青の会」は、もはやPR映画という場の外側を歩くことしか「ノンフィクション映画」を思考できなくなった。また彼らが実践した少人数態勢の撮影は、必然的に、産業システムではなく、ひとりひとりの人間の《労働》に向かうことになった。そしてこの《労働》の発見が、人間のアクションそのものを捉えようとするドキュメンタリーの実践を生み出し、そこに映される人間ひとりひとりへの荷担を促す。小川の《三里塚》シリーズや土本の《水俣》シリーズなど、独立した作家表現としてのドキュメンタリーは、上記のような変革を通じて誕生したものである。成田空港問題や水俣病自体も、高度成長の暗部として生じたことは今さら言うまでもない。しかし、それらをめぐる記録映画のメソッドも、経済成長という巨大な渦巻きの中から分離してゆく、その猛烈な遠心力による一種の能動的スピンアウトとして生まれ、日本の社会批評の表現、そして映画表現自体を豊かにしていったのである。

（1）「ティーチイン〝アジアの作家は発言する〟山形：アジアの可能性」、『第1回山形国際ドキュメンタリー映画祭カタログ』（一九八九年、山形国際ドキュメンタリー映画祭）七四―七五頁。

（2）吉原順平『日本の技術9　日本の産業技術映画』（一九八九年、第一法規出版）六三頁。

（3）野口雄一郎・佐藤忠男「ドキュメンタリーの新しい波／岩波映画製作所」、佐藤忠男『黒木和雄とその時代』（二〇〇六年、現代書館）三四頁［初出「映画評論」一九六一年七月号　連載「撮影所研究」第一〇回］。

（4）これについて黒木和雄は「これは小川君によりますと、死んだ清水一彦キャメラマンの奥さんが、ピカソの「青の時代」というのをもじって「青の会」と命名してくれたということを、記憶しているらしいんですけど」という発言をしている（映画新聞編『小川紳介を語る―あるドキュメンタリー監督の軌跡』（一九九二年、映画新聞）七六頁）。

（5）「日本のドキュメンタリー作家　No.7　土本典昭」、『Documentary Box #8』（一九九五年、山形国際ドキュメンタリー映画祭）一〇頁。
（6）「ドキュメンタリストの眼④　岩佐寿弥監督インタビュー」、ウェブマガジン『neoneo』（二〇一三年）http://webneo.org/archives/4903（二〇一七年三月二〇日閲覧）。
（7）この作品をめぐる製作会社とスタッフの対立については、スタッフ側が冊子『あるマラソンランナーの記録事件の真実』（一九六四年、真実編集委員会）を自主発行し、連絡所として東京西大久保を住所とする「青の会」が記されている。
（8）前掲「ドキュメンタリストの眼④　岩佐寿弥監督インタビュー」。
（9）前掲『黒木和雄とその時代』三七頁。
（10）同上、四〇頁。
（11）「日本のドキュメンタリー作家　№16　黒木和雄」、『Documentary Box #18』（二〇〇一年、山形国際ドキュメンタリー映画祭）五頁。「K」は黒木、「Y」（インタビュアー）は安井喜雄。
（12）小川紳介「私論　戦後日本ドキュメンタリー史」、『映画を獲る　ドキュメンタリーの至福を求めて』（一九九三年、筑摩書房［増補改訂版二〇一二年、太田出版］）二七四頁。
（13）「黒木和雄による黒木和雄」、阿部嘉昭、日向寺太郎編『映画作家　黒木和雄の全貌』（一九九七年、アテネ・フランセ文化センター）二五頁。
（14）土本典昭『第2回国際交流基金労働組合セミナー　行動する映画　日本から、そして世界へ』（一九八五年、国際交流基金労働組合）五頁。
（15）前掲『小川紳介を語る』五七頁。
（16）前掲「日本のドキュメンタリー作家　№7　土本典昭」。
（17）土本典昭・瀬川順一「「映画を私有する」とはどういうことか」、シグロ編『ドキュメンタリー映画の現場―土本典昭フィルモグラフィから』（一九八九年、現代書館）二〇六頁。
（18）同上、二〇九頁。

(19)「〝あるマラソンランナーの記録〟事件の真実」出版にあたって」、『あるマラソンランナーの記録事件の真実』（一九六四年、真実編集委員会）三頁。

第3章　詩を書く銀行員たち
――『銀行員の詩集』試論

鈴木貴宇

ひろば

平和が破壊されたとき最もむごたらしい犠牲となるものはあらゆる時代において女性であることを人類は知っている。
――宮本百合子――

さあ、みんな
しっかりと腕を組もう！

昨日までピケの組み方も知らなかった
労働歌も知らなかった
それでも私たちは起ち上った

組めば
私たちにだってできる
こんなに立派にやっているじゃないか
しっかりと腕さえ組めば

ぞくぞくと応援に起ち上った
昨日まで顔も知らなかった
名前もわからなかった
けれど今日私たちは知った
働くものの湧き上る愛情を
働くもののたくましい力を
働く者だけが持っている
美しい友情を

銀行労働研究会発行『ひろば』（一九五三年八月一日）表紙　写真には「本店前でジグザグデモをやる福岡従組の仲間たち」との説明が添えられている。

風の中で　あらゆる街の旗は吹き散る
そして希望の青い旗だけがはためくのが
きこえはじめる　幾千となく限りなく
空いっぱいにはためくのが[1]

1　なぜ「銀行員」の「詩集」なのか

占領終結を翌年に控えた一九五一（昭和二六）年七月、一冊の詩集が上梓された。全国各地の銀行勤務者による作品を集めた『銀行員の詩集』第一集（図1）である。以降、一九六〇年まで合計一〇冊の詩集が世に送り出されることになった[2]。発行は第五集（一九五五年）までは銀行組合の横断組織として発足した全国銀行従業員組合連合会（全銀連）が行い、同連合の解散後は銀行労働研究会（銀労研）が引継いでいる。表1は、同詩集の発行形態および収録詩数の変遷などについてまとめたものだ。

この詩集が編まれた経緯について、当時の全銀連委員長、荘浩一路（大分銀行）[3]は第一集の巻頭言で次のように説明している。

昨年八月十五日、終戦記念日を期して全国の銀行に働く詩人並に詩を愛好する人々に呼びかけて

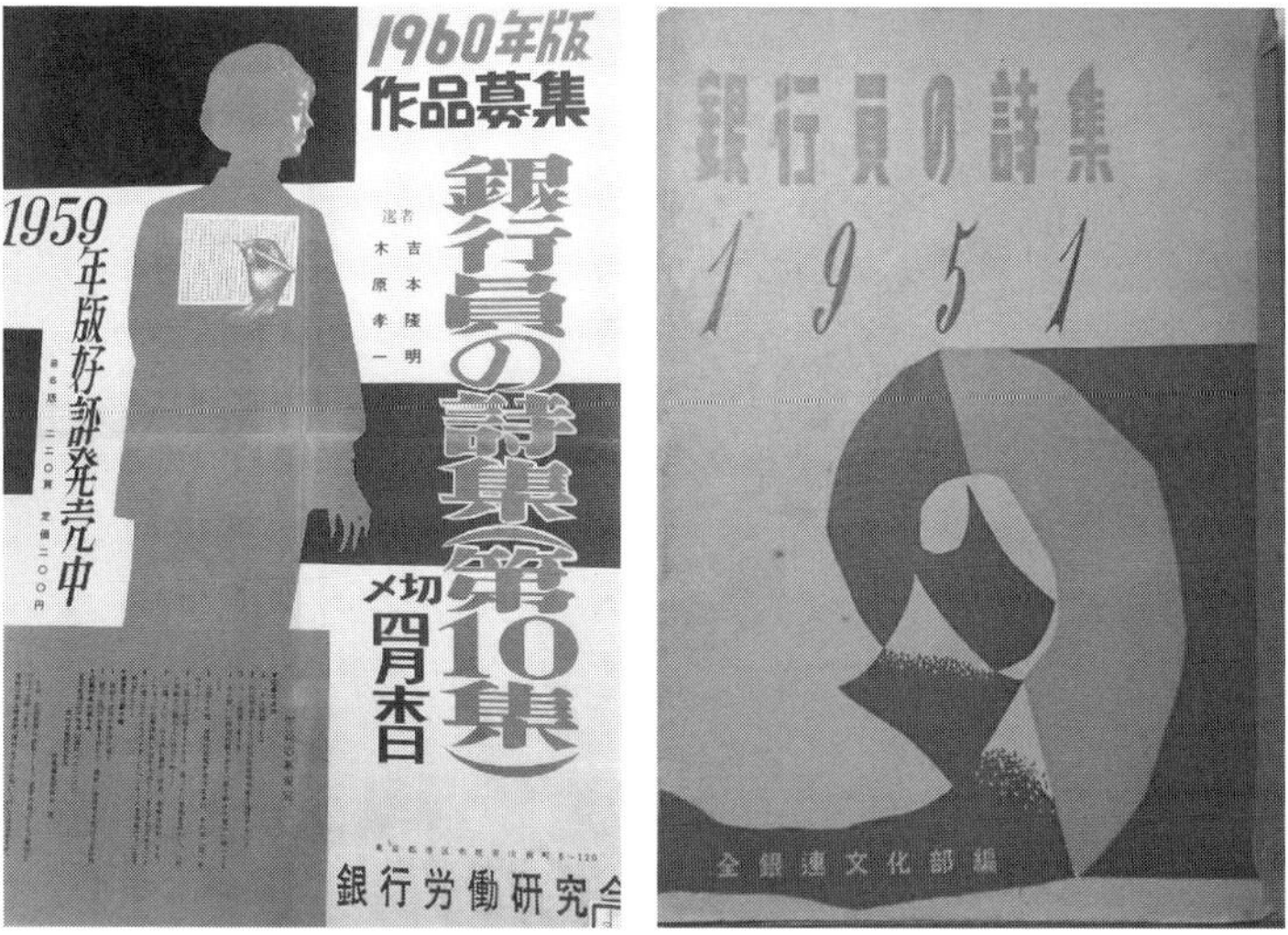

図１　『銀行員の詩集（1951年版）』表紙と最終号となった第10集（1960年版）原稿募集ポスター（ポスターは法政大学大原社会問題研究所所蔵）

表１　『銀行員の詩集』（第一集―第一〇集）発行形態および収録詩数など
（『銀行労働運動史』大月書店、一九八二年所収の〔別表23〕を参考に作成）

発行年月	選者	編集発行人	頒価	応募詩・採録詩掲載率（%）	装丁・その他
一九五一・七	壺井繁治・大木惇人	全銀連文化部長　中田純一	一五〇円	九六九篇・九二篇　9・5	第一集より第一〇集まで奥付に非売品と記載
一九五二・五	野間宏・伊藤信吉	全銀連文化部長　伊藤純一	一五〇円	五一四篇・一三〇篇　25・3	日本興業銀行美術サークル　大阪銀行従組東日本支部美術サークル
一九五三・七	同右	全銀連文化部長　宮崎時朗	一五〇円	五二六篇・一三三篇　25・3	日本興業銀行　住吉弘人
一九五四・七	金子光晴・村野四郎	全銀連文化部長　畔上鉄三	一五〇円	五九〇篇・一三五篇　22・9	日本銀行　池田憲二（表紙画）　日本興業銀行　住吉弘人（カット）
一九五五・九	同右	全銀連文化部長　片島康彦	一五〇円	六九七篇・一五八篇　22・7	住友銀行　長岡澄子
一九五六・八	小野十三郎・竹中郁	「銀行員の詩集」編集委員会・銀行労働研究会	一六〇円	八四九篇・二四五篇　28・9	発行母体であった全銀連の解散に伴い、発行所が銀労研に変更、編集委員は投稿者の代表から構成　三井銀行　木内陽子（装丁）
一九五七・一一	丸山薫・藤島宇内	同右	二〇〇円	八〇五篇・二一三篇　26・5	
一九五八・一〇	藤原定・大江満雄	同右	二〇〇円	七六六篇・二〇三篇　26・5	北総銀行　斎藤隆子（表紙）　千葉銀行　田中雅康（扉）　東邦銀行　大原孝治（カット）
一九五九・一〇	同右	同右	二〇〇円	七五五篇・二〇四篇　27	日本興業銀行　梶野光世（表紙・扉・カット）
一九六〇・一一	木原孝一・吉本隆明	同右	二〇〇円	四八六篇・一三一篇　27	日本興業銀行　住吉弘人（表紙）　日本銀行　岡朋二（扉・カット）
（計）				六九五七篇・一六四四篇　23・6	

あつめた作品千余篇の中より百篇近くを壺井繁治、大木惇夫両氏に依頼して選び出し、この詩集に収めたのである。

この詩集編纂の仕事は全銀連としては初めてのこゝろみであり、だから多くの欠点があるとしても銀行従業員が勤労者としての立場より築きあげる文化の一つの礎石としての意義は大きいと思う。

（略）

この詩集を媒かいの役目として詩を理解する人々がどんどんと増えてゆき、職場サークルが地域サークルに発展して大きな歌声をとどろかせることができるだろう。そのことが特異な職場として考えられていることからくる銀行従業員に対する偏見や誤解を解く役割をも負うであろうことを信じて疑わない。[4]（傍線部引用者、以下同）

右引用部にて傍線を施した箇所は、同詩集が持つ研究史的意義を考えるにあたり、有効と思われたものである。その要点を箇条書きで記してみよう。

① 占領期の民主化政策の文脈で生じた「戦後民主詩」の担い手として「勤労者」という階層が注目された社会的背景。

② 一九五〇年代にかけて高揚を迎えた労働組合の文化運動と、その実践としての職場サークル運動の側面。

③　戦前の「知識階級」あるいは「プチ・ブルジョワ・インテリゲンチャ」とは異なる、戦後のホワイトカラー[5]層を取り巻く環境。

最初の傍線部が示すとおり、『銀行員の詩集』は一九五〇年前後に盛んに議論された「勤労者の／による文学」、その中でも「勤労詩」あるいは「職場サークル詩[6]」の試みとしての意義を持つ。それは、坪井秀人による先行研究での考察対象となった[7]、高度成長前夜の時代に活況を呈した旧国鉄に勤務する詩人たちの仕事と同時代の文脈を共有している。実際、当時の書評を見ると、同詩集は国鉄詩人連盟のアンソロジー『鉄路のうたごえ』（三一書房、一九五四年）と併せて紹介、比較されることになった。たとえばこのように。

「銀行員詩集《ママ》」は、生活詩篇が多く、国鉄詩集のような問題提起はない。闘って日本の労働階級の道を切り開いて行く強さが、前のものにはあったが、これにはやはり後続部落の姿が見られる。しかし、その限界のなかで、やはり勤労者の美しい詩の結実が出ている。（略）一つ一つだとおとなしいから目立たないのだが、一冊にまとまると、何か力を感じさせる。ただ注文としては、銀行員のメカニックな機構を、もっと科学的にえぐり出すメスのようなものが欲しかった。[8]

これは菅原克己による評だが、各年度に異なる評者から寄せられた内容もおおむね同傾向であった。

もちろん、一〇年間に亘って継続的に刊行された詩集であるため、年度による多少のバラつきや、背景とする年の社会状況が収録作品に与えた影響も皆無ではない。管見の限りでは、最も辛辣にして鋭い評言を成したのは、第九集（一九五九年）に対して中村稔が寄せたものだった。中村は「結論から先に言えば、どうしてこの詩集が編集されるのかが、納得できない」と書き出し、次のように不満をまとめる。

そこで問題は、何故、銀行員の詩と名のって発表するか、ということである。今日において、銀行員という職業の物珍しさというようなものはない。銀行員が書いた詩作には、ハンゼン氏病患者の書いた詩作のような、作品の成り立ちからくる魅力を、読者は求めはしない。銀行員の労働者意識などとは言っても、そんなものは、世間一般の貧しさの前で、およそ影がうすいのである。そして、そんな労働者意識、社会意識があることと、詩の良し悪しとは関係はほとんどないのだが、良い詩が少ない程度には、そんな意識も乏しいのである。(9)

この評言は、ひとり『銀行員の詩集』だけではなく、「詩」という表現の存立条件にも触れる重要なものだ。この詩集に対して穏健な評価を与えるにしろ、否定的な姿勢を見せるにせよ、そこにはつねに全体的なインパクトの欠如と、敢えて「銀行員」と職種を詩集に冠する必要性の有無が問われ、さすれば「銀行」という組織を表現するに際して、当事者でなければ成し得ない独自性が要求され続けることになる。

詩史的な意義に限定した場合、この詩集は日本興業銀行に定年まで勤めあげた詩人、石垣りんを輩出したことがその筆頭に挙げられる[10]。石垣の代表作の一つ「私の前にある鍋とお釜と燃ゆる火と」は第二集に収録された。同詩集には石垣の他にも、千早耿一郎[11]や坂下克己（ともに日本銀行勤務）といった、独自の詩歴を有する書き手も参加しており、確かに彼らの作品には勤め人の余技の域を超える手触りが備わっている。しかし、まさにこの点を中村は容赦なく突いたのだが、彼らの作品はすでに自立した「詩人」によるものであり、「銀行員」である必然性はどこにもなかった。

詩作を個人の営為に限定せず、その個人が属する職場との関連で有徴化することの意義については、当時にあっても疑問視する声が少なくなかった[12]。にもかかわらず、一九五〇年代に複数の職場で「勤労者のアンソロジー」詩集が編まれた背景には、各職場の労働組合における文化活動の一環に、詩作を通じて組織の統一化をはかる目論見が組み込まれていたからに他ならない[13]。事実、『銀行員の詩集』も刊行の発端は組合幹部による「レッドパージ反対闘争のための意識高揚に役立たせよう」というものであった[14]。それはまた、詩作を組合文化活動のドキュメントないしモニュメントと見做すことであり、そこには「詩を書く」に至った個人のパーソナルな動機を反映する余白は排除されてもいた。

しかし、実際に採録された詩篇に接すると、そこには同時期の組合活動に代表される共同性の磁場とは遠い場所から発せられた心情が色濃く、たとえ政治的な題材をテーマとした叙事詩の形式を意識した作品であっても、そこからは「勤労詩」という枠には収まりきらない心象風景が浮かび上がる。この点については次節で新日本文学会の編になる『勤労者詩選集』（一九四九年）との比較を行うことで明らかにしたいが、おそらく『銀行員の詩集』が有する価値は、先述した特徴の中で③に挙げたもの、すなわち占領終結から高度成長に向かう時期のホワイトカラー層の心情を抽出した点に凝縮されると思われる。それは評者たちが望んだ、「銀行」という金融資本を象徴する組織について階級的な自覚や反省を伴う作品では必ずしもなかったが、むしろそれゆえに、高度成長期以降に組合活動が訴求力を失う原因の一端を開示もしよう。

2 「連帯」を詩にするということ

前節で紹介した中村稔による評言は、詩作という営為に対して階層や職層といった社会的なカテゴリーを用いることへの真っ当な疑義であったが、『銀行員の詩集』を手にした当時の行員以外の読者が多かれ少なかれ感じたであろう、紋切り型の違和感がどのようなものであったかを伝えるものでもある。次に引く投稿と併せれば、その輪郭はより明瞭となる。

「現代詩」十月号に斎藤まもるなる男の「銀行員の詩集」(一九五四)への批評がある。気になる点を一つ。銀行員は生活が不安ではないという点。——これは全く俗見の域を脱しない。生活が不安でなくてなんで十一行もストライキをやったのか。事実、銀行員の給与には権力(大蔵省)の干渉がある。銀行資本家と労働者とを混同されたんでは、泣こうにも泣けない。[15]

銀行員と思われるこの投稿者が不服を申し立てるとおり、一九五〇年代の銀行勤務者をめぐる職場状況は決して生活防衛と無縁のものではなかった。朝鮮戦争の開始により引き起こされた特需景気は、巨視的には日本経済の復興の起爆剤となったものの、それに伴う輸出価格の騰貴は消費者物価にもおよび、敗戦直後に生活者を襲ったインフレーションが再燃することになる[16]。そして投稿者が指摘するように、金融保険業は他産業よりも厳しい賃金抑制下に置かれたため、実質賃金はむしろ低下する事態を迎えていた。特需・輸出の急増や資金需要の急増は銀行間に預金獲得競争の激化を招き、当時の銀行では残業の慢性化が問題とされ、その心身的な負担から結核罹患者が続出するまでになっていた（一九五〇年度の労働省による発表では、金融機関の結核罹病率は全産業中第三位、銀行のみでは全産業中一位と報告されている）。

ならば、こうした過酷な労働状況と物価の高騰により圧迫される銀行員の生活の様子を正面から扱った作品が『銀行員の詩集』に収録されただろうか。『銀行運動労働史』（大月書店、一九八二年）にはその例として次の詩が引かれている。

関八州の野面いちめんをはりとばして／電線に口笛を吹きならして／木枯らしの吹きあれる夜は／牛肉と葱を食をう――／／《牛肉が七十五円、葱が五・六本》／電車から吐き出されて／おれは身ぶるいをする、そして考える／《百円札がたった一枚！／ところで明日のタバコはどうしよう》

（以下略）

日本興業銀行に勤務した上野忠明による「牛肉と葱」と題された詩の一部である。この詩を引いた同書は、丁寧にも当時の物価高にあって牛肉の値上げ幅は比較的小さかった（ゆえに食卓へ上げることができた、ということが含意されているのだろう）と補足を加えているが、残念ながらこれでは中村の言う「世間一般の貧しさの前で、およそ影がうすい」との指摘を補強してしまうことだろう。

もちろん、この詩に描かれる、寒空に震えながら生活費の工面に悩む銀行員の心情は嘘いつわりのないものであろうし、敗戦処理に追われた経済復興期には、ホワイトカラー層もブルーカラー層とは異なるかたちで生活苦や厳しい労働条件を生きていたことに間違いはない。そもそも、詩作に表れた感情を以て即現実との対応を求める発想も、素朴な反映論に過ぎるとの指摘もあるだろう。しかし、ここで対象とされた、都会に住む銀行員の食卓に注がれた嘆息と、次に挙げる北海道の漁師一家の食卓に材を取った詩を比較してみれば、どちらがより抽象化されていない「生活」の実態を詩作ですくいあげることに成功しているかは自ずと明らかになる。

いくにちも／飯の代りに／そら豆ばかり喰べた／その、そら豆を喰べながら／わたしわみんなに話をした／北海道江差町の貧しい漁師達の話をした／（略）／南瓜ばかり喰べて暮らすという／漁師とその家族達の／顔が／身体が／黄色くなるという話をした／漁師とその家族達が／なんで南瓜ばかり喰べているのか／なんで飯を喰べないのか／そんなに南瓜が美味いのか／飯より南瓜が好きなのか／わたしわみんなに話してやった／南瓜とそら豆が同じものだということを／みんなに話して

やった／わたしわ話をしながら／これわ他人事でわないと思った／炊いて喰べても／煮て喰べても
／そら豆わ飯の代りにならなかった

一九五〇年前後の「勤労詩」運動を先導した新日本文学会の編集になる『勤労者詩選集（一九四九年版）』（新興出版会）に収録された詩「そら豆のうた」である。作者は京浜労働文化同盟に所属する深野利雄という人物だ。

この詩が興銀に勤務する上野の作品よりも重たい感触を有する理由は、ここで口にされる食材が「牛肉」とは比較にならない貧しさを象徴する「そら豆」や「南瓜」だから、という単純なレベルにだけ帰することはできない。それだけならば、詩の価値とは結局のところ、素朴な実感主義に裏打ちされたリアリズムに矮小化されてしまう。事実、一九五〇年前後に新日本文学系の文学者の間で集中的に論じられた「勤労者文学」の在り方に対しても、労働者至上主義とも言うべき当事者性への偏向が、その可能性を狭めてしまうことの危惧が指摘されてもいた(17)。

「そら豆のうた」が持つ迫力は、「そら豆」に「南瓜」という食材を媒介に、北海道の漁師一家と京浜地域の労働者が、物理的な距離を無化して結ばれる共同性と連帯性を形象化し得た点にある。それは、戦後の経済復興期にあって、周縁化が余儀なくされる低賃金の現場労働者層の抵抗と、孤立した北海道の漁師一家を京浜で働く「みんな」に繋げる契機が、詩のことばに浸透しているということでもある。

この例でもわかるように、『銀行員の詩集』に収録された作品の多くは、こうした労働者の連帯性を対象化はし得ても、生活感情といった身体的なレベルで表現することはできなかった。『勤労者詩選集』にはほとんど見られない、抒情詩的な傾向の作品が比較的目立つのも、彼らの感情がともすれば個人的な詠嘆の域を脱しなかったことの証左とも言えるだろう。しかし、菅原克己の評にもあったように、独立した詩篇のインパクトは弱くとも、一冊にまとめられた集合体の側面を考えた場合、そこにはホワイトカラー層特有の心情が浸透していることに気づく。そしてそれは、この詩集を「勤労詩」という限定した枠内での評価から解放し、戦後詩史のより広範な文脈に接合する作業への礎石ともなるはずだが、この点について論じる前に、まずはこの詩集の全体像と、そこに見られる特徴を抽出しておきたい。

3 「荒地」派との親和性

『銀行員の詩集』第一集には九二篇の作品が収録されている。応募数は九六九篇とのことだから採択率は一〇パーセントにも満たない。その後に出された九冊は平均して二五パーセント前後の採択率で安定しているが、第一集のみ応募数が突出して多く、それに比して掲載に至った作品が少ない理由は、送られてきた作品の中には歌謡曲まがいのものや、漢詩和歌めいたものが多かったためだという。それらの多くは原稿用紙に清書されないまま、便箋やノートの切れ端に書かれていた(18)。

この何気ないエピソードは、この詩集を分析するうえで重要な視点を示唆しているように思われる。特に、歌謡曲調の作品が含まれていたことは興味深い。それは、ことさら文学的表現に馴染のない一般の勤め人にとっては、自己の心情をことばにより対象化する際に「紋切り型」の類型的な表現に仮託する必要があったことを教えるからだ。そこで用いられた「型」の有する共振性が大きいとき、その表現は流行歌として大衆の心情を表象する「型」として定着すると言えるだろう。そのとき問われるべきは、類型的表現に託された心情や感受性をもたらした精神構造である[19]。

「詩」という表現形態は、とりもなおさず、こうした「型」を疑うことから始まるわけだが、完全にオリジナルな作品が存在しないことと同じく、一定の水準に達した作品であっても往々にして既存の表現との相似性が認められる。特に『銀行員の詩集』のように、専門詩人によるアンソロジーとは異なる性質を持つ詩集の場合は、その傾向はより強くなることは必然でもあった（この点からしても、石垣りんの詩はすでに高い自立性を有していた）。

こうした観点に拠ったときに見えてくる収録詩篇の類型性とはどのようなものか。それは戦後詩史の起点に置かれる「荒地」派との親和性であり、それをもたらした世代的な共有体験、すなわち「兵士の記憶」を抱えながら戦後社会を生きる市民の心情である。

一九五〇年代の詩壇にあって、あらゆる連帯への不信と、そこから距離を取ることの表明から出発した「荒地」派と、レッドパージ反対闘争の記録として企図された組合の文化活動による詩集、これは一見するとあまりにもそぐわない組み合わせに違いない。もとより、『荒地詩集』と『銀行員の詩集』を作品のレベルで論じることには無理がある。二〇世紀初頭のヨーロッパ芸術に関する教養に支えられて、敗戦国の現状を「荒地」と断じるところから詩作を開始した専門的な芸術家集団の作品と、日々の業務の中から時間を捻出して、ノートの切れ端に書きつけられた銀行員の詩では表現の深度に径庭があることは当然だ。にもかかわらず、事後的な評価枠をはずしてみれば、そこには両詩集が有する同時代性の痕跡が色濃い。偶然とはいえ、「荒地」派の年刊詩集の刊行が開始された年は『銀行員の詩集』と同じ一九五一年であり、発行日もほぼ同時だ（『荒地詩集』は五一年八月一日、後者は同年七月三〇日）。これは、これから見て行く両者の近接性が修辞レベルといった表面的なところにではなく、むしろ詩のかたちで表現しようとした対象および心情の共有性にあることを暗示しよう。

それでは、その様態を指し示す詩を以下に抜粋してみよう。

すべてのまなこが死んでおり
すべての意志が死んでおり
なぐられ、蹴られ、罵倒され
それでもまぶたは石よりも固く
それでもひとみは泥よりもにごり

（千早耿一郎「忘れられた墓碑銘」はじめの五行　日本銀行）

愛する人々に別れを告げて
遥かな海をわたつた戦士達
いま数箇の乾からびた物体と変り

くれないの雲の下に
黙々と運ばれてゆく

（秋山秀夫「輸送船」最終連　日本銀行門司支店）

雨に濡れ　銹は流れ
無駄な戦争の血
敗れた無感動な地

（峰剛夫「風景」第三連　大和銀行）

算盤が青春を虐殺する
エネルギーが見事に崩壊する
私は埃の中で瞑目する
世界が空虚にから廻りする

（長岡忠一「銀行」第六連　帝国銀行）

刑罰執行人を呼んでくれ
おれは神を追い出したのだ
暗くなつて来た
おれの前に青白い墓地がある

（小林秀夫「死者の歌」Ⅰの第六連　日本銀行）

戦死者、戦没兵士を搬送する輸送船のモチーフ、そして〈雨〉〈崩壊〉〈刑罰執行人〉〈墓〉といったレトリックが織りなす詩的イメージが「荒地」派の作品ときわめて近いことは明らかだ。特に小林秀夫「死者の歌」は、〈神〉の救済を拒んだ断罪意識から〈夜の街〉を放浪する「おれ」の心象風景を描いており、「荒地」派を代表する鮎川信夫「繋船ホテルの朝の歌」とほぼ同様の作品世界を構築していると言ってよい。作者が勤務する日本銀行は、詩の愛好者が多かったのか『群』という詩誌を発行するサークル（日銀現代詩研究会）を擁しており[20]、同詩集に収録された詩の多くが同行勤務者によるのはそのためだろう。一般的な行員よりも詩への関心が高い作者が、アンソロジーのかたちで書籍化される前に詩誌『荒地』や『純粋詩』で鮎川たちの詩に親しんでいた可能性もあるだろう。印象的な連用形の文末がたたみかけるように繰り返され「さちうすい友よ／きみたちはねむるのか」と戦死した友人への問いかけで終わる千早耿一郎の詩は、収録詩の中でも固有の世界観を持っているが、そのモチーフもまた鮎川の「死んだ男」と共鳴している。

4　ホワイトカラーによる「勤労詩」

こうした「荒地」との親和性が最も顕著に表れ、かつ選者の壺井繁治により「一番の力作」にして「戦争による荒廃を叙事詩的につかんで」いると評された詩は、坂下克己の二六〇行の長詩「真夏の雨につづる詩」（日本銀行）であった。この詩は、戦争をはじめとする圧倒的な現実のまえで立ちすくむ

「おれ」と、分身の相貌を持ちながらも、現実の生が与えるあらゆる束縛から切れた、超越的な存在である「あいつ」との対話を通じて、この詩集が刊行された「戦後」の現在を遠望しようと試みる壮大な構成となっている。

涙がぼろぼろおちるのだつた／涙は地下に吸われていつた／それなのに――／空は海洋の色であるのに／雲はたくましく眠つているのに／地球は破片にひからびていた／涙のおちた地べたには／一本の草花すらも怖けふるえて／顔すらだそうとしないのだつた（第一一連）

黒い夜がきてはさり／白い夜がきてはさり／ゆるい煙はみるみる意欲とかわるのだつた／鯨だ　ともだちよ　鯨たちよ／さついていつたあいつ／あいつもどつかでおれとつながり／おれたちとつながり／やがて地球は　地球は！（第一六連）

霖雨はやまぬ／沛然とさえ雨はふり／地軸もふつとんでしまいそうだが／傘をかたむけておれはそのまゝ／あいつの顔をくいいるように／信頼をこめてみつめている（第二七連）

作中に登場する「鯨」は、最終的には地球すべてをのみこんでしまうものとして「あいつ」により告げられる表象だが、この黙示録的なイメージの背後には、メルヴィルの『白鯨』との対応が意識されているだろう。そして、やや唐突に登場する〈地球〉は、「荒地」派が詩に文明批評性を導入するために用いた「人類」というスケールと同位相にあると言える。

先に指摘した「荒地」的なレトリックにより醸し出される詩的世界は、北川透によれば同時代では〈荒地調〉ないし〈荒地ムード〉と総称された。[21] それに倣えば、『銀行員の詩集』は当時の「勤労詩」の文脈にありながらも、そこからの逸脱が「〈荒地〉的な風俗」を意匠とした点に求められるとひとまずはその特徴をまとめることが出来る。だが、そもそもここで考えなければならないことは、こうした〈荒地調〉とされる表象やレトリックに仮託された心情の様態であった。

北川の論に依拠して進めれば、「荒地」派の詩人たちが用いる絶望感や無力感の濃厚な語彙は、彼らが青春期に吸収したスティーブン・スペンダーをはじめとするイギリスのモダニズム詩に根差しており、それらを緊密にして卓越した仮構力で昇華することによって、詩という虚構の世界を構築した。そうした意識が彼らの詩に鋭い文明批評性を付与することになったわけだが、それは同時に敗戦の喪失から出発した「戦後日本社会」という現実への視座を欠落させもした。[22] もっとも、そうした強い仮構性こそ、理念的な文学表現が有するはずの「もうひとつの現実」や、社会規範ないし既存の価値観を強要する体制へのアンチともなることを思い起せば、逆説的ではあるが「荒地」派の文学集団としての自律性が証明されるとも言えるだろう。

坂下の詩に現れる「海洋の色」をした「空」が決して戦後の解放感や希望を直截に投影する青空ではないように、『銀行員の詩集』に収録された〈荒地調〉の作品は、拭い去ることのできない戦時下の記憶を基盤にその詩的世界を構築している。それを世代的特徴に求めることは一つの要因ではあろうが、「銀行」という紛うことなき組織に属した彼らの詩に、組織集団への包摂を拒否した「荒地」との親和性が見られる理由としては粗雑に過ぎるとのそしりを免れ得まい。

もう少し踏み込んだ解釈を試みるため、当時の詩壇で『荒地』派のカウンターパート的な位置を持った『列島』による「荒地」評を補助線に引いてみよう。そこでは、「荒地」の功績が「詩を文明批評の領域」にまで引き上げた点に認められつつも、「戦争をまったく不可避運命的なものとしてとらえ」る「非生産的生活」の限界が批判される。(23) それを受けて関根弘は、このように「荒地」の弱点を総括する。

彼らの言にしたがえば、彼らは共同社会に対決する個人の内的秩序の形成に向かっているというのだが、その悲愴な教養の衣をはがしてみれば、彼らの本質は詠嘆にほかならない。詩人はことばを内側から動かして行くものだが、死だとか霧だとか雨だとか夜だとか、およそ詩の自然に関わる常套語を羅列した演説的詠嘆詩を、彼らは生産しているのであり、いかなるイマージュももたない。(24)

ここで関根が看取した「荒地」派の本質とされる「詠嘆」に関して、遠地輝武はその発生源を「現実に圧倒された場合」の無力感と言い換える。(25)『銀行員の詩集』に刻印された〈荒地調〉も、ここに起因しているはずだ。すなわち、銀行員という職層が属する、ホワイトカラー層のアイデンティティとも言うべき組織が持つ比重の大きさと、生産手段を所有することのない属性に縁どられた彼らの「現実」が、

〈荒地調〉の背後には控えていたのではなかったか。たとえば次の詩は、〈荒地調〉とは程遠い堅実な作風だが、銀行業務に従事する者の実感を吐露したものではあるだろう。

私の中指には／豆粒大のペン蛸がある／（略）／思えば／幾日幾年／通帳を附け／元帳を繰り／表を作ってきた事か／（略）／実にこのペン蛸こそ／私の生活の拠点であり／従業の過去帳なのだ／（略）／涙と溜息の／／一里塚だ／私のたつた一つの遺産だ　（八窓夏彦「ペン蛸」千代田銀行）

「豆粒大のペン蛸」を作った帳簿作業は、ことごとく数字という抽象性に解消されてしまうがゆえの詠嘆、これは業務のオートメーションが進展するにつれ消えていった感慨ではあるが、そこに伴う虚無感と疎外感は頭脳労働者にとって普遍的なものだ。〈荒地調〉の詩もまた、こうした職場の中から生れたものであり、それは「銀行員」というホワイトカラー層であるがゆえに書き得た、彼らなりの「勤労詩」のかたちでもあった。

5　「共同性」から遠く離れて

「荒地」派の有した「修辞的共同性」（北川透）は、同時代的には労働組合運動の昂揚によって涵養された、集団への帰属意識とそこへの包摂に対する拒否感と疑義の表明であった。そして、本来的には彼らが背を向けた組合運動もまた、「国家」という体制に最終的には連なる組織への対抗として結成されたものだった。その中でも、文化運動は組合を母体としつつも、その独自性が尊重される場であることが存在理由に置かれていた[26]。換言すれば、そこは組織への包摂から解放された「個」の営みが展開される場であり、その理念からしても『銀行員の詩集』に「荒地」派への近接性が見られるのは首肯し得よう。

しかし、そうした包摂され得ない心情が文化運動の活況を支持した時期は、戦後日本社会においてはあくまでも一時期に過ぎないことを留意しなければならない。『銀行員の詩集』の歴史に即して言えば、高度成長が本格的に始動する一九五五（昭和三〇）年以降、その発行母体が全銀連の解散に伴って銀労研に移動したあたりから、掲載される詩の傾向にも変化が生じ出す。「日常生活や職場、季節、風物、ふるさと、家庭、隣人、友情、恋愛、結婚などを題材にした作品[27]」が主流となることと呼応して、文化運動の勢いも減速することになるわけだが、この変化をもたらした要因を銀労研の事務局長を務めた志賀寛子は次の四点に見た[28]。

①　パチンコ、トリスバー、音楽喫茶といった消費文化の氾濫により、単独で余暇を享受できる生活様式の確立。

②　労働組合としての文化政策が求心性を失った現状。

③　一九五五年の日本生産性本部の設立と、そこで推進導入された生産性向上運動の一環に組み入

れられたヒューマン・リレーション（ＨＲ）を意識した労務管理の影響。

④　時間外労働の増加に比して減少傾向にある人員。

本稿との関連では、③に挙げられた労務管理の影響が特に重要となる。なぜならば、この実践で導入された高度成長期の「会社文化」が組織のＰＲ活動を広報する社内報であり、企業の潤沢な資金で編集される社内報を前にして、組合機関紙の衰退は避け得なかったからだ。このことはまた、日本社会が経済成長という「バラ色の未来」の幻影によって包摂され始めるきざしの前触れでもあったと言えるだろう。そしてそれは「マイホーム主義」という私生活合理主義の浸透によって、日本社会の規範が「サラリーマンの夫と専業主婦の妻、子供は二人まで」という核家族にシフトする人口動態上の変化を随伴してもいた。[29]『銀行員の詩集』が、一九六〇年という安保運動の挫折によって特筆される年に発行を終えているのも、こうした変容の延長線上で考察すべき対象であろう。

それでは、未曽有の速度で進んだ経済成長と戦後復興の波に、「荒地」派への親和性を抱えて戦後社会の航路へ出た戦中派のホワイトカラーたちはおしなべて包摂されてしまったのだろうか？　その問いに対して暫定的であれ答えるには、合計して千編を優に超える『銀行員の詩集』全一〇集と、その発行を支えた機関誌『ひろば』の通史的な分析が不可欠となろうが、本稿を終えるにあたって、一九六〇年代に登場した一人の戦中派サラリーマンの姿を素描しておきたい。

高度経済成長期の花形企業である家電メーカーに勤務し、社宅で妻子と父の四人暮らしを営む彼は、口癖のように「おもしろくない」を繰り返す。兵隊の劣等生であった記憶はゲートルの代りに靴紐を結ぶたびに思い出され、日々の鬱屈を就業後の深酒で紛らわしては「親子三人」のつつがない暮しに憧れる。

自身も戦中派に属する作家、山口瞳により造形化された江分利満《えぶりまん》だ。一九六二年に直木賞を受賞した『江分利満氏の優雅な生活』は、山口の同僚であった柳原良平による洒脱な挿画と相俟って、現在では「昭和のサラリーマン」文化を象徴する一冊として言及されることも多い。受賞の翌年には岡本喜八によって映画化され、その際に原作にはない印象的なシーンがオープニングに現れることになった。

小林桂樹演じる江分利が一人、会社の屋上の柵に寄りかかっている。昼休みらしく、彼の周囲には談笑する若いサラリーマンたちの姿が目立つ。朗らかな周囲の表情とは対照的に、仏頂面の江分利。カメラは移動し、ひときわ明るく賑やかなグループを映す。女性事務員と男性社員の混声コーラスサークルだ。指揮棒が上がり、晴れやかな声で――やや滑稽なほど晴れやかに――彼らは声を張り上げる。よく晴れた都会のビルの屋上に歌声が響く（図2）、それはメンデルスゾーン作曲の「おお雲雀」だ。

おお雲雀　高くまた
軽く何をか歌う
天の恵み　地の栄
そを讃えて歌い

図2　映画『江分利満氏の優雅な生活』（岡本喜八監督、東宝、1963年）オープニング

そを寿ぎ　歌う
恵讃え　栄寿ぎ歌う

原作には描かれることのなかった職場のレクリエーション活動を、映画化を担当したスタッフが加えた意図はどのように考えられるだろう。一度、原作から離れて映画版を独立した作品として鑑賞すると、このオープニングは作品全体を貫く江分利満の屈託と居心地の悪さ――不器用な兵隊の生き残りという自覚、老いた父が象徴する戦前と戦中の記憶、持病を抱える妻子、こうした厄介事を抱えて生きる中年のサラリーマンが、どうして晴れやかに戦後の青春を寿ぐ仲間の輪に加わることができるだろう！――を、なかなか巧みに処理したと言えようが、その屈託が雲雀の舞う青空との対比で鮮やかに照射されていることに気づく。

戦後民主主義の希望を投影する表象として召喚される「青空」だが、『銀行員の詩集』で坂下克己が形象化したように、その空には戦後日本社会の経済成長に回収されることを拒む心情も仮託されていた。

あなたは迷っているのでせう
そんなに下をむかないで
大きく胸をはって
あの青空を仰いでごらんなさい
ホラ
あなたの行く道はそこにあるでせう
（小槌暖尾「理想路」第一連　三和銀行）

「荒地」派の描く死者のまなざしが向けられた「青空」と、ここで呼びかけられた「青空」が完全に重なり合うことはなかった高度成長期の重層性は、詩を書く銀行員や、一人会社の屋上に佇む江分利満の姿に残り続けたのであり、コーラスに響かない彼らの声が『銀行員の詩集』の頁には刻印されることになったのだった。

（1）白石鋼一「凪」（全銀連文化部編『銀行員の詩集（一九五一年版）』全国銀行従業員組合連合会文化部、一九五一年、以下『詩集』）、一九頁。作者は当時、日本興業銀行員。
（2）ここで、本稿が「試論」と副題に断った理由を説明する。本稿は独立した論文ではあるが、全体像としては『銀行員の詩集』と『ひろば』を発行した全銀連および銀労研の活動を通史的に分析する仕事の過程に位置付けられる。その出発となった拙稿は「パトスとしての文壇―『巴里会』と組合文化運動を事例として）（『文学』二〇一六年五月）であり、調査を進めた結果、銀行研の意志を継いだ金融・労働研究ネットワークの存在を知り、同事務所に『ひろば』が創刊から終刊まで揃いで保存されていることを知った。同ネットワーク事務局長の田中均氏を通じて、元銀労研事務局長の志賀寛子氏にご紹介いただき、今春より聞き取り調査を開始した。二〇一七年三月にインタビューを行い、志賀氏の銀行員時代と銀労研とのかかわりについて伺い、また事前に用意した質問集に手紙でも答えていただいた。この成果は、不二出版より二〇一八年度より刊行がスタートした『ひろば』復刻解題にまとめる見込であるが、本稿は現段階での途中報告としての性格も有することをご了承いただきたい。また、『銀行員の詩集』も一〇冊すべてに目を通すことはかなわず、今回は第一集のみを分析対象とした。「試論」と断りをつけた事情も併せてご理解いただきたい。

（3）全国地方銀行従業員組合連合会編『銀行労働運動史―全銀連の時代―』（大月書店、一九八二年、以下『運動史』）、「［資料1］全銀連中央執行委員一覧」、七五九頁。

（4）荘浩一路「喜びに代えて」（『詩集』）、一―二頁。

（5）本稿が「ホワイトカラー」という概念を用いる理由を説明しておく。近代資本主義社会の成立に伴い、資本家階級（ブルジョワジー）と労働者階級（プロレタリアート）の挟撃に位置する浮動階級と目された中産階級であるが、古典的な階級史観にあって彼らはやがてプロレタリアートとしての自覚を持つにいたる暫定的な存在とされた。マルクス主義思想が知識層を席巻した日本の一九二〇年代では、こうした「没落する階級」の表象として「プチ・ブルジョワ・インテリゲンチャ」ないし「サラリーマン」という表象が浸透した。しかし、第三次産業従事者の割合が飛躍的に増大した高度成長以降、会社組織における身分制度の撤廃・均一化が行われた結果、賃金労働者はひとしなみに「サラリーマン」層へと組み込まれていくことになる。銀行員を含む頭脳労働者ないし事務作業従事者を指す場合、日本社会では一般的に「サラリーマン」と総称されるが、こうした制度上の変化を踏まえ、本稿ではよりニュートラルな「ホワイトカラー」概念を用いている。拙稿「サラリーマン」（『昭和文学研究』第六一号、二〇一〇年）および尾崎盛光

『サラリーマン百年』（日本経済新聞社、一九六八年）参照。

（6）戦後詩において「勤労詩」というジャンルは、近藤東が指導的役割を果たした国鉄詩人連盟の活動か、戦前のプロレタリア文化運動の延長線上に展開された、日本共産党支持の労働者による詩作を指すことが多いが（たとえば、戦前からプロレタリア詩人として活動した船方一が『現代詩入門』〔新興出版社、一九五七年〕で「勤労詩について」の執筆を行っている）、『銀行員の詩集』はそのどちらにも属さない。むしろ「職場サークル詩」の具体例と見做すことが妥当かとも思う。一九五〇年代に「勤労詩」という用語が持ったニュアンスについて坪井秀人は次のように述べている。「〈勤労詩〉は論理的には〈サークル詩〉に帰属する名称だが、この時期には幾分特権的な意義を与えられていた節がある」（『声の祝祭―日本近代詩と戦争―』名古屋大学出版会、一九九七年）、三七一頁。

（7）坪井同前書「第十四章　鉄路のうたごえ」参照。

（8）「読書室」（『列島』第一一号、一九五四年一一月）、四六頁。

（9）中村稔「ホワイト・カラーの労働者」（『新日本文学』一九六〇年二月）、一三〇頁。

（10）有馬敲「石垣りんと『銀行員の詩集』」（『詩人会議』二〇〇六年九月）。

（11）戦前より日本銀行に勤務していた千早は少年時代より俳句を作っており、俳人の金子兜太が同行に勤務していたことから金子を通じて安東次男（金子と東大での同期）、秋山清との交流があった「月報11」『秋山清著作集　第一巻』（ぱる出版、二〇〇六年）、四―五頁。銀行の中でも特権的な業務に携わる日銀勤務者が、アナキスト詩人との交流があったというエピソードは興味深い。千早は秋山の誘いで、『コスモス』（一九五七年七月）に「草村純」という筆名で作品を寄せたことがあるという。また千早には『長江』（かいえ社、一九五四年）という個人詩集のほか、『大和の最後、それから―吉田満　戦後の航跡』（講談社、二〇〇四年）という著作がある。有馬同前論文、四九頁。

（12）例えば岡本潤「『サークル詩』という枠」（『列島』第八号、一九五四年五月）は、敗戦間もない時期から新日本文学会で勤労者による文学活動に重きを置いた結果、「勤労者文学」や「勤労詩」といった「特殊なジャンルでも存在するかのような錯誤感」を生み、それが「平和と民族解放をめざす民主的統一戦線」を阻むことになったと指摘する。一四頁。

(13) 伊藤信吉「勤労詩の展望—その生活性を中心にして—」(『群像』一九五四年一月)。同論には『銀行員の詩集』のほかに呉羽紡績労働組合文教部編『機械のなかの青春』(三一書房、一九五六年)、『心に未来を　全損保詩集』(全日本損害保険労働組合情宣部、一九五三—五五年)、飯田壽雄編『ぶどうぱん　三越従業員の斗かいのなかから生れた記録』(全日本百貨店労働組合連合会、一九五三年)が紹介されている。

(14) 『運動史』五二四頁、『詩集』第一集が刊行された一九五一年度の全銀連中央執行委員・文化部長であった中田純一(青森銀行)による回想(初出は「幼年期の〝銀行員の詩集〟」『ひろば』第一二二号、一九五六年六月一五日付)。注2で紹介した志賀寛子氏の手紙は中田氏について「全銀連の文化運動の発展に大きく貢献した重鎮。青森銀行の重役にまでのぼりつめた方。でも初心変らず。人柄はもちろん、私も尊敬していた方」と述懐している。

(15) 「詩友通信」(『列島』第一二号、一九五五年三月)、六三頁。投稿者は北区に在住の森田一郎。

(16) 『運動史』二五二—二六〇頁。

(17) 石黒米治郎「回想・『勤労者文学』のころ」(『民主文学』第二六一号、一九八七年八月)、一三〇頁。

(18) 注14。

(19) 見田宗介『近代日本の心情の歴史—流行歌の社会心理史—』(講談社学術文庫、一九七八年)、七頁。

(20) 千早耿一郎「われらの仲間一一〈群〉」(『詩学』一九五七年五月)、二二九頁。

(21) 北川透「Ⅱ『荒地』論—戦後詩の生成と変容—」(『北川透現代詩論集成Ⅰ—鮎川信夫と『荒地』の世界—』思潮社、二〇一四年)、七五頁。

(22) 同前、八二頁。

(23) 木島始、関根弘、花岡次郎「現代詩の衰退と再建(総論)」(『列島』第六号、一九五三年一〇月)、四—五頁。

(24) 関根弘「夢のない夜」(『同前』)、八—九頁。

(25) 遠地輝武「勤労詩の史的展望」(『詩学』一九五一年五月)、一〇四頁。
(26) 志賀寛子「銀行における文化運動―機関紙誌・職場紙誌を中心に―」(『文学』一九五九年一〇月)、一三九頁。
(27) 有馬前掲論文、四四―四五頁。
(28) 志賀前掲論文、一三一頁。
(29) 拙稿「『明朗サラリーマン小説』の構造―源氏鶏太『三等重役』論―」(二十世紀メディア研究所『Intelligence』第一二号、二〇一二年三月)、一三四―一三五頁、および上野千鶴子『近代家族の成立と終焉』(岩波書店、一九九四年)、一三三頁。

本稿は科学研究費助成事業「戦後日本社会における〈青空〉表象の分析―プランゲ文庫所蔵資料を中心に」[研究代表者・鈴木貴宇　若手研究(Ｂ)課題番号15Ｋ16687]に関する研究成果の一環である。

第4章　開発と「公共性」
——中上健次『熊野集』「海神」

渡邊英理

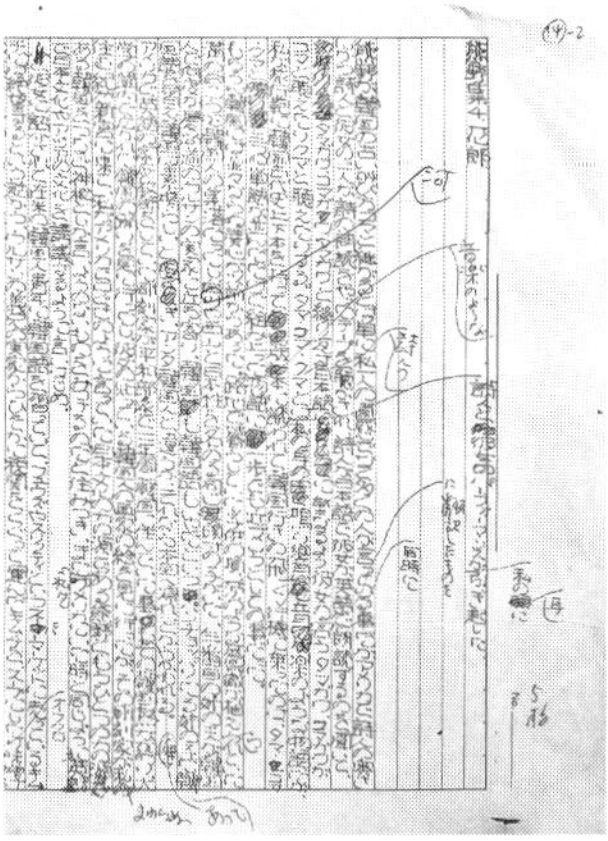

中上健次「花郎」『熊野集』原稿　一九八〇年、個人蔵。
写真は冒頭部。「涯テノ詩聲——吉増剛造展」図録より。
篠原誠司撮影。

――私ハ「熊野集」ニ路地ガイヨイヨ取リ壊サレルトイウノデ、コトサラ路地ノ動キヲ書キ留メテイタ[1]

中上健次「鴉」『熊野集』

1　都市と地方、移動と開発

中上健次の短篇連作集『熊野集』中の「桜川」「蝶鳥」「海神」「石橋」「妖霊星」「熊の背中に乗って」「鴉」の小説群には共通して生身の作家本人を思わせる小説家の「私」が登場する。[2]語り手・書き手として、この小説家が語るのは「路地解体」の模様である。和歌山県新宮市の被差別部落、春日地区を生地とする作家は、その地をモデルに路地という空間を小説に描いた。しかしながら、七〇年代末から八〇年代にかけて、現実の路地こと新宮市春日の被差別部落は、その姿を大きく変える。いわゆる同和対策事業の開発がこの地に及んだためである。

春日地区における戦後の開発は、一九五〇年代から段階的に進行した。敗戦後の春日では、まず公営住宅法（一九五一）に基づき一九五三年から五六年にかけて不良住宅改良を主眼にした地方改善事業が行われ公営の簡易平屋住宅二二戸の住宅が建設された。六〇年から六三年の新宮市に対する厚生省の地区改善モデル事業の指定を挟み、五七年から六二年にかけて三三戸が春日から市内の大浜、野田、下田、橋本地区へ分散移転する。[3]六三年には春日に新宮新市庁舎が移転完成し、六四年には新宮の町を二分して横たわっていた臥龍山の大部分が掘削されている。一九六五年には同和対策審議会答申において同和問題に対する政策的認識が示され、一九六九年に同和対策事業特別措置法（同対法）が成立する。この答申の認識に基づき同対法を具体的な法的根拠として進められたのが、同和対策事業である。七七年に新宮市の同和対策事業として臥龍山の一部である日和山、春日地区を対象とする改良地区事業の基礎調査が始まる。七八年には春日地区に西棟一二戸の改善住宅が建ち、以後、七九年に二三戸、八〇年一五戸、八一年四戸と八一年度までに計五四戸の改善住宅が造成される[4]。路地の裏山としてわずかに残されていた臥龍山の一部たる日和山も削り取られて姿を消し、周辺道路も中央通りとして拡張整備がなされていった。こうした自身の生地である被差別部落で行われた開発を作家は「路地解体」と呼び、その過程を『熊野集』にずらし束ねながら描いた。中上自身が『熊野集』を「読み辛く分かり難い小説」と評するように[5]、この連作の小説家である「私」が登場する小説群は、いずれも、さながらノンフィクションのような虚構であり、また散文のような小説であり、ジャンルを定かとしない形式を示す。連作五番目の「海神」もまた、幾重もの文様が織り込まれる「細工もの《ブリコラージュ》」のような小説だが、その焦点のひとつは、「公共性」の問題に結ばれる。

路地こと春日の被差別部落は、一九五〇年代後半から始まる高度経済成長期から、その「歪んだエコー」（坪井秀人）としてのバブル景気と消費社会へ至る八〇年代初頭まで、公営住宅法、地区改善モデル事業、さらには同和対策事業へと至る開発の枠組みで解体されていく[6]。『熊野集』が描くのは、その最終局面である「同和行政」期――同和対策事業による開発期に当たるが、それは「列島改造論」を呼び声に日本各地で進行／深更していた地域開発と「重なりあう経験」（サイード）として捉えられるだろう[7]。事実、臥龍山の解体や新宮新市庁舎の春日地区への新築移転などの施策は、新宮市全体の地域開発と連動した同和行政の開発の位相を指し示している。

では、こうした同和行政を一部内包する（ずれながら重なる）戦後日本の地域開発は、どのような文脈と構造にあったのか。ここで戦後日本の開発のあらましを素描しておこう。都市社会学者の若林幹夫が郊外の開発をめぐって示唆するように戦後日本の開発は、近代以降の人の移動、すなわち農村から都市への労働力移動を背景とし[8]、社会学者の町村敬司が指摘しのちにメディア研究者の吉見俊哉が強調するように「裏返された植民地的構造」と「低開発の開発」を特徴とするものである[9]。

明治以降の近代日本の資本主義の発達は、農村の労働力の活用＝搾取で達成され、農村から都市部へ多くの労働力が移動した。開発は、こうした労働力移動による人口の増加と集中への対応であり、また都市化、工業化への応接だと言えるが、その解決策のひとつは、戦前では植民地の開発に見い出された。その理由は植民地の豊富な資源にある。国内に比べ石炭などの地下資源に恵まれた大陸や半島ではより効率的で高質な「高開発」の開発が可能であった。しかしながら敗戦後の日本は植民地を「喪失」したため、縮小した国土の枠組みで同様の問題に対処せざるを得なくなる。とくに戦後の復員者の帰還がもたらす再生産＝生殖出産で人口は増加の一途をたどり、復興が進み農村から都市部への移動が加速する中で住宅問題とエネルギー問題が焦眉の課題となっていく。すなわち「敗戦による海外植民地の「喪失」と大量の帰国者を含む人口の「過剰」という二つの困難が主題化され、これに戦後日本が対処するなかで「国土開発」が全面化して」いった。[10] すでに戦前から水力発電所の建設により都市部の電力供給地にされるなど地方には従属的な位置は与えられてはいたが、[11] 東京オリンピック（一九六四）や大阪万博（一九七〇）も終わり「中央」の開発の目処がつくと地方が開発の主たる舞台に躍り出る。[12]「裏返された植民地的構造」とは、このように戦後に「喪失」した海外植民地を代替する新たな「植民地」として地方が開発される構造を指している。また戦後の地方における地域開発は、戦前の植民地や戦後の「中央」の「高開発」地域の後衛にあたる「低開発」地域を対象とした「低開発の開発」であった。

中上文学の初期から中期にかけての歩みは、いま述べた文脈の中で捉え返すことができる。六〇年代末から七〇年代初頭にかけて書かれた中上の初期小説の一角は、都会を舞台とする「都市小説」で占められる。たとえば小説『十九歳の地図』（一九七四）の視点人物「僕」は地方出身の予備校生で新聞配達員として暮らしている。[13]「僕」は配達地区を地図に記し気にくわない家に×印をつけて歩く。小説は、「僕」が嘘の爆破予告電話を東京駅にかける場面で閉じられる。地方から都市へ移り住む学生でも正規の労働者でもない未組織労働者が「僕」であり、『十九歳の地図』には、そのような存在が抱く社会への渇望と呪詛が幻視の「爆弾」として形象化されている。

『十九歳の地図』をはじめ近代以降の地方から都市への移動者たちの系譜につながる人々を描く「都市小説」を手がけた後、[14] 中上は故郷新宮の路地（被差別部落）を舞台に小説を書き、その解体までを主題化していった。紀州サーガ／秋幸三部作『岬』（一九七五）、『枯木灘』（一九七六）、『地の果て　至上の時』（一九八二）が語る和歌山県新宮市の被差別部落の一族の物語は、[15] 土建業者の労働・生活・産業など複数の面から開発の現場を描いており、『熊野集』中の「路地解体」のプロセスは、路地（被差別部落）という「生活圏」における開発過程そのものの表象である。また、中上のノンフィクション『紀州――木の国・根の国物語』（一九七七〜七八）の紀伊半島にうっすらと描かれる原発誘致の計画は、小説『火まつり』（八七）では噂の渦となり、『地の果て』（八三）の遠景では原発建設の進行が具現化している。[16]こうした点から、これら中上の「路地小説」は労働力の移動先である都市との相関項としてある地方のあり方や、人口移動と相関的な出来事である地域開発をめぐる「開発文学」として位置づけられるだろう。戦後生まれではじめて芥川賞を受賞した中上健次の文学が「戦後文学」に占めるひとつの位置は、「都市小説」と「開発文学」――都市・地方という相補的な時空間と移動・開発という表裏の運動性による再文脈化の中で見えてくる。

以下では、『熊野集』の短篇「海神」を「開発文学」として読み解き、そこに示される「公共性」の主題を追究することを試みたい。路地こと被差別部落は「同和行政」による開発で解体されるが、それは「公共事業」として実施されている。したがって路地解体（開発）の動力は「公共性」に求められることになる。だとすれば「公共性」を問うことは、開発というかたちで現れる支配の質を捉えることであり、またそれへの抵抗の準拠点を再構築することでもある。小説「海神」は、小説の言葉のさまざまな位相で開発という出来事の質を描き出すとともに、それに抗う想像力を模索し提示しようとし、「公共性」の文様を描く。以下では、その文様を示してみたい。

2 「無限のエコー」――言語の多元性

いささか唐突に見えるかもしれないが、中上の小説における「公共性」を論じるにあたり、中上における言語の問題を論じておきたい。中上健次の言語論として、ここで注目したいのは、言語の多元性＝重層性・多層性（multiplicity, multilayer）の問題である。というのも、言語の多元性は、小説「海神」が胚胎する路地の「公共性」と不可分な関係性にあるからだ。まず、言語の多元性は、路地の「公共性」を生み出す引用、そして翻訳・翻案の行為を基礎づけている。結論を先んじて言えば、「海神」は路地の「公共性」を、二つの「公共性」――前近代の路地（被差別部落）こと「公界」の「公共性」と、アメリカ大陸のネイティブ・アメリカン（「インディアン」）の「共有地」（commons）の「公共性」を媒介に構想している。すなわち前近代から続く日本の被差別部落をめぐる固有の文脈と、世界史的な植民地主義の文脈、その両方に路地との「重なりあう経験」を見出し、そのずれと重なりから路地の「公共性」が構想されている。言語の多元性は、引用・翻訳・翻案の行為の前提となるこのずれと重なりを見出す視座を支えている。つぎに、路地の「公共性」そのものが、言語の多元性と入れ子構造になっている。別言すれば、言語は、その多元性において路地の「公共性」を先取りし表現している。すなわち、言語の多元性は、路地の「公共性」概念のひとつのモデルであり、路地の「公共性」は、まず言語の領野にこそ萌していている。したがって中上文学における言語は、路地の「公共性」の意味伝達を担う媒体であるのみならず、その概念化を媒介するずれと重なりの礎であり、また、その概念そのもののモデルであり、その果たすところの役割は多数的で多元的である。

その言語の多元性をめぐる中上の方法意識は、ノンフィクション『紀州――木の国 根の国物語』（一九七七年、以下『紀州』と略記）に確認できる。[17]『紀州』の「序章」で、中上は「紀州」のキをさまざまな「ki」――記、木、気、鬼に分光させる。[18]ここには、この時期の中上の重要な伴走者の一人であった詩人・吉増剛造の「無限のエコー」への共鳴を聞きとることができる。「無限のエコー」は「無量の筋」とも言い換えられ、エクリチュールの多声性＝多元性を意味する剛造の詩の言葉の理論であり、その詩の方法論である。[19]その射程は多彩だが、たとえば二〇一六年に開催された展覧会「声ノマ 全身詩人、吉増剛造展 The Voice Between: The Art and Poetry of Yoshimasu Gozo」（東京国立近代美術館）のタイトルには、その一端が示されている。「声ノマ」の「ma」という音は、様々な意味の「マ」――魔、間、真、目、待、蒔、磨、交、舞、摩、増を呼び込んでいる。「ma」という音は物質性《マチエール》（materiality）である。音という物質性は、ひとつの言語体系を超えた普遍性を持つ。しかし、その「ma」という音は日本語という特定の言語体系の中で複数の実質性《シュプスタンス》（substance）を伴っている。すなわち「ma」という物質的な音は、ある言語体系の中で特定かつ固有の実質性において体験されることになる。剛造の詩においては、文字というメディウムのひとつひとつも、それぞれが物質性《マチエール》と実質性《シュプスタンス》を持つ多層な「もの」として扱われ、「無限のエコー」として刻まれるのだ。「紀州」の「ki」をさまざまな「キ」に分光させていく中上の方法は、この剛造の「無限のエコー」に通じる。こうしたエクリチュールを通じて「ma」

や「Ki」という音を多元化していく方法には、「近代日本語」の確立過程で多様性を装いつつ平準化された言語・画一化された文字・均一化された表記への異和があるが、[20] ここでは特に単一的な意味の所有に対する挑戦が重要となる。エクリチュールの多義性が単一の所有されるべき意味を食い破り、多様な意味の産出を行う意味作用《シニフィアンス》(signification) を活性化する。こうして「無限のエコー」は、わたしの言葉が他者の言葉の引用であり、他者の声の痕跡からなる無限の層であることを示し続ける。中上／吉増において、言語とは徹底して他なるものなのだ。

右に見た中上の『紀州』における「無限のエコー」は主に言語内翻訳、ひとつの言語体系内部での翻訳行為だと言える。転じて短篇連作集『熊野集』では、この言語内翻訳＝重層性・多層性 (multiplicity, multilayer) をひとつの言語体系の外部に拡張していくベクトル、すなわち別々の言語体系間の言語間翻訳を扱う方向性へと向かう。たとえば『熊野集』中の一篇「花郎《ふぁらむ》」では、すでにタイトルにその方向性が示唆される。「花郎」という日本語の漢字に韓国語の読みを「ふぁらむ」とひらがなのルビで付した、この小説のタイトルの多言語性は、小説の冒頭で以下のように展開される。

熊野が韓国の古い呼び方コマとつながるとは単に私一人の直感でなく多くの人が言っている事だがアメリカで詩人の奥さんから詩人と彼女の二人が詩の朗読をやったテープを聴かされ、詩人が日本語で彼女が英語に翻訳したものを同時に朗読するのを聞いて、タマガワ、コマガワ、タマガワと繰り返す詩人の日本語に重なる彼女の言うタマガワ、コマガワがコマと聴こえたりクマと聴こえたりする。タマ、コマ、クマとは詩人と彼女のパフォーマンスが私の耳に引き起こした鳴り響く音楽のような物語だが、私が旅行鞄に韓国古代史上下本を持って版元に誘われて韓国行きの飛行機に乗ったのは、タマ、コマ、クマと三つの単語が並んだだけで組み上った音楽のような物語に一歩でも近づこうとしての事だった。(21)

「タマガワ、コマガワがコマと聴こえたりクマと聴こえたりする」詩とは、吉増剛造の詩「老詩人」を指すだろう。「多摩川／高麗川の／川の向こうに／不思議な／病院がたっていて／川を渡ると／消える／多摩川／高麗川の／川に棲む／植物たちの声がして／ときおり／病人の／叫び声がきこえてくる／多摩川／高麗川は／夜になると／繊毛が生え／黒髪でぎっしりいっぱいになる／夢を見るのは／そのせいらしい／ああ／この地上に／ゆるやかな／美しい曲線の切りこんでくるのがみえるとき／外科医は／宇宙を手術して窓をあける／おそらく／瞳の／黒い／微粒子の／夢をみるから／渚に右翼の傷ついた白鳥の一羽舞いあがったりするのだ」(22)。「多摩川／高麗川の／ああ、白きものはすべて朝鮮からながれてきた」(23)。詩人が日本語で読み「詩人の奥さん」が英語で読む。「花郎」が言い及ぶ剛造の「老詩人」の朗読（reading）は、多声的であると同時に多言語的なエコーである。そのエコーに耳を傾け、小説家は、朝鮮半島の古い呼び名を示す「koma」に「kuma」の響きを聴く。二つの音の重なりは、韓国と熊野という二つの半島の、さらには在日朝鮮人と被差別部落民の間のずれと重なりへ小説家を誘う。

こうした作家の方法は、この時期の生身の作家の移動の軌跡と関わらせて考えるべきだろう。一九八二年九月、中上はアイオワ大学International Writing Program（ＩＷＰ）のサマーセミナーに参加し、三ヶ月間その地に滞在している[24]。その前の数年間、中上は熊野、東京、そして韓国、アメリカを移動しながら『熊野集』『千年の愉楽』などを連載、同時に書き下ろしで長篇小説『地の果て至上の時』を執筆し、アイオワの地で脱稿した。『岬』『枯木灘』『地の果て』へ至る三部作の完結と「路地解体」に作家的系譜に打たれるひとつの読点を見るならば、その区切りに作家は間太平洋を移動し、アイオワという終着点へ辿り着く。その旅は生身の作家の身体的物理的な移動であると同時に、作家の思考、精神や思念の移動である。その間、作家は、つねに複数の言語間を行き来する。熊野や路地での出来事にアメリカや韓国での経験が並び記される『熊野集』は、その旅のひとつの記録である。『熊野集』中の「海神」が示す「公共性」の思想も、その旅の成果のひとつに数えられるだろう。

3　テクストの多元性――世阿弥とレヴィ・ストロース

以上、中上の言語論を見てきた。ここで、小説「海神」に戻ろう。この小説の語り手／書き手は、小説家の「私」である。「私」は路地の裏山が削り取られた直後にいて、裏山が残されていた最後の時期を回想している。「私」は、カメラで失われる路地の姿を映像に残そうとし、テープレコーダーを持って路地のオバらの話を聞いて廻る。生身の作家・中上健次を思わせる小説家である「私」が敷く私小説的な枠組みは、「私」の「聞き書き」の行為で多元化され、「私」の声は、オバらの他者の声で多声化される。

「海神」のエクリチュールもまた、他者の言葉の引用である。複数のプレテクストが、小説の言葉に呼び込まれ変奏される。

まず指摘できるのは謡曲との間テクスト性である。『熊野集』には、そのタイトルから謡曲からの引用が明示された短篇が含まれる。謡曲の演題をタイトルとした「石橋」「桜川」「妖霊星」などがそれに当たるが、「海神」には、さながら現代の複式夢幻能の設えが仕込まれている。世阿弥が考案した複式夢幻能は現存する能で「最もポピュラーな戯曲」であり、なおかつ「亡霊ばかりが跋扈する不可思議な演劇形式」である。[25] 夢幻能の舞台、名所は今日一般に「めいしょ」と呼ばれる風光明媚な景勝地ではなく、出来事が起こり物語に語られる「などころ」――名前の所である。歌枕――歌に詠まれた名所がそうであるように、それはことの葉（言の葉、事の葉）の記憶が堆積する場所である。夢幻能は、その名所でことの葉の記憶の蘇りの物語を紡ぐ。蘇りを担うのは諸国一見の旅の僧である。ある地で僧は、ひとつの夢を見る。夢には、その土地の物語の主人公が登場するが、それらはみな死者でありいずれも非業の死を遂げた御霊でありもののけ（亡霊）である。その御霊として死んだもののけの魂を呼び起こし鎮める。すなわち魂起（タマフリ）と鎮魂（タマシズメ）を行うことが、この僧の役目である。

路地（被差別部落）という名所で「海神」が慰撫するのは、路地のアニ、完治である。「ウスノロで頓馬で不細工のたとえになっている」[26] 完治は、黒田喜夫ならば「アニヤ」と呼ぶであろう路地の「食い詰め者」である。[27] 完治は路地に最後に残された裏山の「御堂のあった跡に柱を立て木切れを打ちつけて家を建てて」[28]、「業病と呼ばれた病」を病む女とともに住み始める。[29]背中に入れ墨を背負った完治は晩年に「ヤクザの世界」に入っており[30]、「ヤクザに言われて金を目当てに家を建てて住みはじめた」とも噂される。[31]やがて完治は駅のベンチで野垂れ死ぬが、直接生傷を作らぬようにブラックジャックで殴られたようなあざが無数についた他殺と思しき謎の死だった。完治の死後、「一月もたたぬうちに山を削り取る作業が始」まり[32]、路地は跡かたなく姿を消す。小説家の「私」は、非業の死を遂げた完治の魂を呼び起こし鎮めようとする。

いまひとつのプレテクストは文化人類学である。特に下敷きにされるのは、レヴィ・ストロースの『アスディアル武勲詩』である。北米、カナダのネイティブ・アメリカンの武勲詩を神話分析し、その著を記したレヴィ・ストロースを、「海神」の小説家は「さながらその評論家は異教の聖書を書こうとする者のように私には思えた」と述べ参照している。[33]「私が初めての長篇小説を書き出す前に考えていた」のは、「女房子供に逃げられた評論家という設定の長篇」であり、「小説を書こうとする小説家の小説ではなく、綿密なテキスト校訂と注釈をやる評論家の小説で、テキストはこの世にまったく存在しない架空の武勲詩だった」[34]。「今から考えてみると何故、綿密に校訂と注釈をやる評論家を主人公に小説を描こうとしたのか不思議に思うが、種あかしをしてみれば、「アスデティワル武勲詩」を読み武勲詩を論じるレヴィ・ストロースに魅かれこの学問も才もある男が何故、未開の土人の神話に魅かれ論じるのか、という事から、それが彼のユダヤ人という認識から来ているのではないかと思い、それならば、路地から採集した話を元に架空の武勲詩をでっちあげ、さらにそれに綿密にテキスト校訂と注釈をほどこしていく評論家を描く事によって、私は自分自身のユダヤ人性を発見出来るともくろんだのだった」[35]。かくして「海神」の「私」は、路地の人類学者となり路地の神話を採取し分析する。抗争する「ヤクザ」の「組」の末端である完治は、「武人」として解釈される。完治の物語は分析対象となる路地の「武勲詩」であり、小説家の「私」は、それに「校訂と注釈をほどこしていく評論家」である。「ヤクザ」の手先をつとめた完治は、「武勲詩」＝路地の神話においては「武人」であり、「武人」として死んだ完治を「私」は、さらに「治癒神」として再解釈する。かつて「ヤクザ」の闇稼業であった「激安使い捨て労働力」の雇用派遣は、いまや派遣会社によっておおっぴらに担われている。「路地の若衆」が大阪や名古屋へ行き、「それしかなかったのか、それともそれがてっとりばやい道だと思ったのか[36]」、「路地で特有の遠近法」に「一等近い」「ヤクザの組[37]」に入ったことを述べる小説「海神」が描くのは、現在のポスト・フォーディズム時代における新自由主義的な暴力以前の「暴力組織」であり、封建的暴力とも浪花節的世界ともなる「親分子分の関係」で動くフォーディズム時代の「暴力集団」である。

では、「私」が遂行する神話分析の方法は、いかなるものか。次の場面は、その方法を提示する。

路地の三叉路の駄菓子屋の隣がハルヒコノアニの家で、或る時、その脇から山へつづく坂道を若衆と二人で映画に撮っていて、ハルヒコのアニの物置きの前に大きな火鉢に張った水の中に鮒が死んで浮いているのを見てアントニオーニの画面に出て来るような丸い容器に張った水、それに浮いた木端のような鮒と、抽象的に、意味するものと意味されるものを分解するようにカメラに収まらないかとテストを繰り返し、曲線、上にのびる太い線、円、カメラを後に引いてみると、円は球体に変化する、と画面を読んでいて、ふと私は、自分の体の中にも死んで浮いた鮒のような浮き袋がありそれに穴があいて上下の浮沈の調節をうまく出来ないでここであえいでいるのだと思ったのだった。カメラがその球体の画面から移動したら『8 ½』のように意味のないサーカス、意味もなく肥った母のような女が画面になだれ込んで来てもよい、もちろん血のわきたつ海から生まれた賤しく醜い治癒神のようなカンジ・ケンジも。

完治を画面の中に入れてみたいと思いつき、だが死んだ完治をどうやって再現するのか、完治の役をやる人間を登場させるか完治の周囲にあった物を映して脇を固めるだけにしていくか定まらず、改めて話の採集に出かけ、その度にきまって完治の事を自分から切り出し、「完治が死んだんじゃての？」と言った。[38]

消えゆく路地を八ミリで記録する時、小説家の「私」は死んだ完治を「画面の中に入れてみたい」と願うが、しかし、どのようにして、その映像を撮ればよいのか分からない。完治の像を撮れない「私」は、フェリーニの映画『8 ½』の映画を撮ることのできない映画監督ロイドである。だが、ここでの「私」は「抽象的に、意味するものと意味されるものを分解」しようとする。ここに現れるのは、レヴィ・ストロースの人類学に前提される構造主義的な視座である。それは、世界をシステム内のネガティブな差異によってのみ価値や意味が決定される記号の網の目に過ぎないと見る視座だと言える。

シーニュ（記号）は、「意味するもの」（シニフィアン）と「意味されるもの」（シニフィエ）の二つの要素で構成される。しかしながら、シニフィアンとシニフィエ、ふたつの結びつきは固定的で必然的なものではなく恣意的で偶発的なものである。このシーニュの可変的で動態的な運動性が死後硬直する姿を、小説はこう表現する。「ハルヒコのアニの物置きの前に大きな火鉢に張った水の中に鮒が死んでいる」。だが、運動性は死に絶えたわけではない。「ふと私は、自分の体の中にも死んで浮いた鮒のような浮き袋がありそれに穴があいて上下の浮沈の調節をうまく出来ないでここであえいでいるのだと思った」。この一文で人は魚となり、「私」は鮒に変身する。小説の入れ子状態の文体が、路地の「夢応の鯉魚」というべきメタモルフォーゼを発生させている。次から次に底が抜けていく多重構造の叙述の中で、視る「私」は視られる鮒に乗り入れる。上と下、人と魚、生と死は相互嵌入し、もっとも高みに立つ「私」が、底の「死んだ鮒」と化す。「上下の浮沈の調節をうまく出来ない」「私」が鮒と化すように、二つの「意味するもの」の差異が変更したり反転したりすることで「意味するもの」と「意味されるもの」の分離は露わになって漂っている。確固とした実在に見えていた世界は、浮動する意味のネットワークとして相対化されるのだ。このシーニュをめぐる動態視力が、この小説が行う神話分析の解読格子である。

　人が魚となる変身譚には「目覚めた者」、「覚醒した者」など知の主体への批判がはらまれている。人類学者とフィールド、小説家と路地、読み手とテクスト、さまざまな主体となる「図」と対象となる「地」は入れ替わり、相互に乗り入れし、その境界線は撹乱される。この間主体的な言葉の渦中で、文化人類学者であり小説家である「私」は安全な高みにいることはできない。この路地を読む「私」は、路地をめぐる小説を読む「私」に重なる。自らの足場を揺るがす言葉の波に飲まれながら読み手は、小説家の「私」が駆使するのと同じ視力＝解読格子で路地の神話を読み解くことになるだろう。

4　白紙の赤い印鑑――被差別・資本・土地

小説「海神」の神話分析の対象は、まず路地解体の起源である。小説は次のように述べる。

路地がこのような眼にあうのはそもそも、大逆事件の頃からはじまっているのだった。大逆事件がこの春日町に何をもたらしたか、大石誠之助の実兄西久が玉置家へ養子に出てもうけた玉置醒とは、この路地の山と土地の地主である。下駄直し、皮ナメシ、木馬引きらが職業だった当時の路地の者が、仕事にあぶれた、博打の金がないとかけこんだのが玉置醒だという事は、路地を檀家に持つ浄泉寺の和尚や路地の者に親切だった大石ドクトルが連座した大逆事件が縁結びのような形をしたのだった。一日二日の日傭賃ほどの金を玉置醒は機嫌よく貸してくれたのだった。しかし、期日を切って返済を要求する代りに玉置醒は白紙に印鑑をおさせ、路地の者はそれがどんな意味をもつのか知らず、嬉々としたたし感謝さえした。白紙に印鑑、他にどんな財産も能力もない路地の者にそれが効力を持つのは彼らが持っていたわずかばかりの祖先から引き継いだ山、土地に対してに他ならない。

アメリカで白人がインディアンから土地を取りあげたというのとそっくりの筋書きが、大石誠之助のオイの玉置醒によって演じられたのだった。それから何十年も経ち周りが展け、路地は町の中心部に位置するようになり、玉置醒の子が地廻りの幹部の妹と仲良くなりそれが元で借金を重ね、土地は市に、山は市内に五つの店舗を持つスーパーマーケットに借金の肩代わりに権利を委ねる事になる。

市とスーパーマーケットは山を削り取り路地を取り払って駅からスーパーマーケットに一本、市役所からスーパーマーケットに一本道路をつけ、更地になった所を売りに出すのだった。立ちのきの交渉は最初改善住宅に入っている者らには市の開発公社に勤める路地の者が、親の代に玉置にめくら判を押さずにいてまだ土地が自分の物である者らの番になってからは、スーパーマーケットから下請け工事を約束してもらった路地に住んで土建業をする私の二番目の姉の婿が立っていた。(39)


右で小説は、大逆事件が春日町（路地）にもたらしたものを「アメリカで白人がインディアンから土地を取りあげたというのとそっくりの筋書き」と述べている。そのことが示す意味は最終節で詳しく検討しよう。まず確認すべきは、『アスディアル武勲詩』が「ネイティブ・アメリカン」の古層に起源としてある「創世神話」、すなわち共同体の「はじまり」を読み解くのに対し、「海神」が注釈するのは路地解体の起源、すなわち共同体の「終わりのはじまり」であることだ。小説の現在時は路地が解体される共同体の「終わり」にある。小説は、その「終わり」の時点から「終わりのはじまり」を振り返る。

右で、その「終わりのはじまり」は「大逆事件の頃」に求められている。路地の者から土地を「取りあげた」玉置醒とは、大逆事件に連座した大石誠之助の甥である。大石は明治期の新宮モダニストの一人で、大石「毒取《ドクトル》」とも呼ばれた医師であり、金に困った路地の者たちに無償で医療を施した人物として中上のエッセイの中にもしばしば登場している[40]。また大石は、僧侶・高木顕明、沖野岩三郎らとともに新宮市浄泉寺にて「談話会」を催していた。当時、高木が住職をしていた浄泉寺は路地の八割程度の人々の菩提寺であり、大石・高木・沖野を中心とするその「談話会」は当時の廃娼運動、部落解放運動とも連動するものであった[41]。このような経緯の中で路地の者たちと大石の甥の玉置醒との関係性、すなわち「仕事にあぶれた、博打の金がない」路地の者たちが大石の甥の玉置の元へ駆け込む機縁が作られる。「大逆事件が縁結び」とは、まず、この金銭の貸し借りに至る関係性の起源を言う。

さらに小説が注意を向けるのは、この「起源」に印された「地」と「図」――「白紙」と「印鑑」である。読み手は、この「地」と「図」を、前節で見た解読格子で多義的に読み解くことが求められる。「白紙」の赤い「印鑑」は、まず大石／玉置と路地の者たちとの関係性、すなわち差別／被差別の構造を比喩する。他者を押しのけ世界を統御し分節する主体（「図」）としての「印鑑」と、虐げられ排除され差別される者、他者化され対象化され、まさにそれゆえに主体を不可避に支える客体（「地」）としての「白紙」だ。しかし、赤い「印鑑」に象徴される大石／玉置の役割はたんなる主体の隠喩に留まらない両義性をもつ。それは、この小説が下敷きにする人類学でのトリックスターと相似的であり、救いをもたらす英雄であると同時に破滅を呼び込む犯罪者でもあるという特質だ。

明治の新時代、新思想に通じる大石は、虐げられた路地の者たちによりそいながら「覚醒」したモダニストとしてその存在を示していた。しかも高澤秀次が言うように、「代々医者、学者を多く出した大石家は、その後現在の奈良県十津川村からきた山林地主・玉置家や、同県北山村の日本三大山林家といわれた西村家と姻戚関係を結びつつ、一大ファミリーを築いていった」[42]。幸徳秋水も運動資金の調達を頼ったとも言われるこの豊富な材木マネーを背景に「新宮モダニズム」は廃娼運動、部落解放運動とも連動し「過激な早熟をみる」。今日では権力によるフレームアップが確認されている大逆事件に見いだされるのは、この「新宮モダニズム」の「過激な早熟」に対する時の政府の警戒である。結果、事件後の大石は「覚醒」「進歩」から「謀叛」「大逆」へ、「新思想」の「知識人」から天皇暗殺を企てる「恐るべき犯罪者」へその価値を逆転させることになる。その時、大石は路地の者（「地」）よりも、さらに虐げられ排除される者となり、その大石の末裔の玉置が金に困った路地の者に金を貸し山や土地を取り上げる。かくして路地の援助者と抑圧者の両方を演じる大石・玉置により、路地解体の端緒が開かれる[43]。

白紙の赤い「印鑑」はまた路地解体を駆動する資本の運動性を比喩している。究極的に言うならば資本の使命は利潤を生むという一事に尽きる。異なる価値体系の二所が媒介されることを通じて利潤は発生する。すなわち「地」と「図」を措定し差異を発生させる媒介行為を通じて無尽蔵に利潤を生みだそうとする運動性の継続に資本の本質はある。「白紙」の「印鑑」が比喩するのは、こうした資本の運動性である。

「海神」が示すレヴィ・ストロースの「ユダヤ人性」への拘泥は、この点に関わるものと理解できる。「海神」で小説家である「私」が「自分自身のユダヤ人性を発見」しようとすると言うように、「ユダヤ人性」とは本質主義的な人種民族を指すものではない[44]。それは、被差別者と資本の関わりを問う術語――すなわち「さまよえるユダヤ人」という言葉が示すような、差別と迫害の歴史を有し土地から切り離された流浪の民がいかに資本を増やすのか、という問いを内在させた表現である。ならば、なぜ、ここで被差別者と資本の関係性が問われるのか。それは、まさに、この問いが路地の解体、開発と不可分に結びついているからだ。

試みに、ここにユダヤ系の巨大資本の世界支配を語る「ユダヤ資本」の物語を召喚してみよう。言うまでもなく、この物語は「金の亡者」という負の表象で「ユダヤ人」をステレオタイプ化する、「ユダヤ人嫌悪」も露わな眉唾物の陰謀譚である。言わば、それはシェークスピアの『ベニスの商人』に登場する「ユダヤ人」の「金貸し」シャイロック以来の定型として機能する露悪的な「差別する物語」の現代版だが、資本と被差別者の関係性への問いを裏返すことでこの物語は成立している。実際、その問いを携え、この物語に分け入るなら、そこには被差別民と媒介業（サービス業）の浅からぬ由縁が浮き彫りになる。土地という原初の生産手段を持たない流浪の民は資本で資本を生むこと、すなわち高利貸しや金融業など仲介業を通じて利潤を得るということが、この物語では逆説的に証されている。「金貸し」「ユダヤ人」の物語は、土地から疎外された被差別民が媒介業に結びつくに至る必然性を物語る。

「路地解体」の開発の時代、「自分自身のユダヤ人性を発見」しようと目論む小説家である「私」の頭をよぎるのは、路地の産業としての土建業であったはずだ。『岬』『枯木灘』が描く土建業者の物語は、生身の作家本人の生家の家業というだけでなく、路地の生業としてのそれである。路地（被差別部落）の土建業は第二次産業だが、「ユダヤ人」における第三次産業である金融業と構造的に同位であり、土地から疎外された被差別者の生きる術としての媒介業として見出される。

土建業とはなにか。路地（被差別部落）にとって土建業とはいかなるものか。なぜ路地と土建業は結びつくのか。路地解体（開発）を前に、中上は、これらの問いをエッセイの中でも繰り返し問い続けている。

平地の少い紀伊半島の一つの町、新宮は、絶えず他所から流れ込んできた者に舞台を提供する。他所者には、新宮は手ごろな箱庭である。ぶち壊して作り、又ぶち壊す。古事記のころからある古い町なのに、古い物はない(45)。

土建屋が多いのは、山を削り取る事、つまり土地改造する事が都市化、近代化でもあった新宮の地理的条件に多くを負うている。つまり市レベルで放出する仕事が沢山ある。熊野が新潟同様の後進性の強いところだとすると、列島改造すなわち近代化だと説く田中角栄の論理は、東京・名古屋・大阪を中心にしてドーナツ型に、効力を発揮して現実性を帯びている。列島改造をいまだに起死回生の策だと人は信じている。高速道路をつけて欲しい、空港が欲しいという国道筋でよく見かけるスローガンはそこから来ているが、親兄弟親戚のことごとく、土建請負業を営んでいる作家の眼からすれば、高速道路も空港も、道一本舗装する事も同じで、何しろ近代化というのは甘い蜜をたっぷり含んでいるという事である。(46)

ここに描かれるのは、無から有を生み出す「甘い蜜をたっぷり含ん」だ魔術としての開発の姿である。路地の者（被差別民）たちは、土建業者として、その開発の一端を担い、その現場で働く。そこには路地の者（被差別民）たちの両義的な土地への関わりと拘りが透かし見える。土地から疎外された被差別の民が土地を改変する。その行為を駆動するのは、自らを疎外する土地への限りない憎悪と渇望ゆえの愛着である。自らが所有しない土地を対象に、その改造＝開発という媒介行為で路地の者（被差別民）は利潤を生み資本を増やす。作家が路地の土建業に見出すのは、路地の者（被差別民）の愛憎入り乱れる両義的な土地への関わりであり、資本増殖のための媒介業という路地の「資本論」から見た土建業の本質である。

夢幻能の形式で開発を描く点で、小説「海神」は、被差別民の生業として土建業と芸能を重ねあわせる思考を内在させている。中世期の被差別民は遊行の民として芸能を生業のひとつとした。土地という原初の生産手段から疎外された被差別民にとって、第一の、そしてほぼ唯一の生産手段であった自らの性／生や身体を活用し、その芸や技を磨きあげる過程が芸能の発展へと通じていた。この点で、芸能もまた土建業と同位の被差別民の生業たる媒介行為に数えられる。『岬』『枯木灘』の竹原秋幸は土方仕事の労働の中で心地よい調和の「リズム」を刻んでいた。その「リズム」は、先行する物語を差し向けられ他者と相似たることを強いられる秋幸が固執する「いま・ここ」の確固たる「リズム」でもあるが、同時にそれは前近代からの被差別の記憶を刻む芸能の旋律である。土方仕事をする労働の身体は中世以来の芸能の身体の延長線上にあり、その意味において『岬』『枯木灘』にも土建業と被差別の関わりを問う視線はすでに胚胎している。『熊野集』では土建業が路地を解体する諸力となり、路地の土建業者が自ら路地を解体する。その時、土建業と被差別の関わりを問い直す行為は作家の使命となる。それは作家自身に跳ね返り、文字を増やし物語を生むことで資本を得る小説家自身をも批判的に解剖する行為である。

5　治癒神――路地の「公共性」

レヴィ・ストロース『アスディアル武勲詩』を下敷きとする小説「海神」は、路地の神話分析として記されている。分析の対象は、路地解体の起源（終わりのはじまり）と、路地解体（終わり）である。その神話分析は同時に複式夢幻能とも重ねられている。それゆえ小説家である「私」は僧として魂振りと魂鎮めを行いながら、人類学者として非業の死を遂げた御霊を「治癒神」へと解釈する。「公共性」の問題は、この解釈に関わる。以下では、小説が誰をどのような意味で「治癒神」とするのか確認し、路地の「公共性」を提示したい。

まず、路地の「治癒神」とは、どのような存在か。小説「海神」の中で開発される路地の姿は、「切り崩され血の泡のたぎる海」[47]という具合に人間身体から流れる「血」の「海」の比喩で語られる。小説のタイトルである「海神」とは、この「血」の「海」たる路地の「治癒神」だ。「海神」とは、『古事記』の「海幸山幸」の物語からの引用である。「海幸・山幸」は、日向神話の二代目・ホヲリ（ヒコホホデミ）を主人公とし、兄ホデリ（海幸）と弟ホヲリ（山幸）の兄弟争いの物語を浦島伝説の話形を含み展開する。ある時、弟・山幸は兄・海幸に仕事を交換してほしいと願い出る。しかし海に出た弟・山幸は兄・海幸の大事な釣針をなくしてしまう。兄に責められ弱った弟は釣り針を求めて海底の国へとたどりつく。そこで弟・山幸は王の娘を妻とし、王の力を借り釣針を見つけ出す。やがて弟・山幸は地上へ戻るが、王から貰った霊力を持つ玉の力で兄・海幸を屈服させ終生の忠誠を誓わせる。この時、勝った弟・山幸が天皇家の直系であり、敗れた兄・海幸が、まつろわぬ民・隼人の祖と伝えられる。中上は紀州熊野の被差別部落の起源のひとつを天皇神武との「戦争」への敗北に見いだしていた[48]。そのような認識をもつ中上において、海幸を祖とする隼人とは熊野の路地（被差別部落）と同じく天皇家に敗れ被差別の立場におかれた民であり、その重なりから路地の「治癒神」を隼人、すなわち海幸＝「海神」の姿に造形したものと思われる。

小説「海神」には、「治癒神」となる資格をもつ者として、完治と大石誠之助の二人が配されている。大逆罪で処刑された大石もまた天皇への敗北という点で海幸＝隼人と相似であり、何より医師として職業的に治癒行為に携わるものである。しかしながら、この小説がまつる「治癒神」とは、大石ではなく、完治である。その差異化を行う文体にこそ、この小説の独自の歴史認識が宿っており、またそこにこそ、路地の「公共性」が提示されている。では、なぜこの小説は、大石ではなく、完治に優位性を与えるのか。

既に見たように、この小説で、路地解体の起源は「大逆事件の頃」に求められていた。大逆事件に連座した大石誠之助の甥である玉置醒が路地の者から山や「土地を取りあげた」。この「取引」には幾重もの詐取があり、騙しや謀りが行われている。玉置は山や土地を借金の形とすることを文字の読めない路地の者たちを相手に証書に記し、その意味がそうと分らない者たちに「めくら判」を押させた。しかしながら、これらはすべて法が定める所有権、私的所有の論理が支持する合法の行為である。金の貸し借りの担保となる山や土地。その所有者を確定し、その所有権を変更し、新しい所有者が自らの所有物である土地や山を不動産として売買する。これら一連の行為は私有の論理に支えられている。

この小説で、完治が治癒神たる所以は、この私有の論理に抗する点にある。私有の論理に挑む完治の対抗姿勢は彼の根拠地――小屋を建て住まう路地の裏山という場所に示されている。路地の裏山の御堂跡とは、完治が十五の齢まで暮らした「塒」、すなわち「家」である。男親は誰か分からず、生まれてすぐに女親である路地の女ヨソも新宮の町家へ嫁いだため、完治は路地のゲンノジョウというオジに預けられる。やがてゲンノジョウノオジにも「役に立たんから出て行け」と言われた完治は路地のあちこちの家を転々とするうち路地の御堂にたどり着き、そこを「塒」にしたのだった。路地解体の最終局面、「四十を越えた」齢の完治は、その裏山の御堂跡に小屋を建てて住み始める。

路地の裏山についても中上はエッセイでも繰り返し語っている。路地の裏山は、もともとは市内を二分するように横たわる臥龍山の一部であった[49]。路地の者たちは旧新宮に住むことを許されず、旧市街からは見えない裏山の裏手に追われ、山陰の湿地帯に集住することになったと言う[50]。したがって路地の裏山は、被差別民が住むエリア（路地）と、それ以外の人が住む市街地である旧新宮の境目に当たり、かつて路地の者たちは裏山を抜け街へ路地の外へと行き来した。裏山の頂上には祠がありサイノカミが祀られていた。祠の脇には門があり、普段は開いているが、祭りの日や正月の松飾りのとれる頃までは門が閉ざされカンヌキがかけられていたと伝えられる[51]。

サイノカミとは、村の内外の境界や道の辻、三叉路などに祀られる道祖神のことであり、「塞ノ神」とも記される。「サイ」とはまた「犀」でもあり「賽」でもあり「境」でもある。つまりサイノカミとは御堂であり、寺であり、道であり、路上である。したがって、それは誰のものでもない場所であり、それゆえに誰のものでもある共有地――コモンズ（commons）と呼ぶべき場所なのだ。

このコモンズ（commons）の主題は、『熊野集』と同時期に書かれた長編『地の果て』でも展開されている。『地の果て』の視点人物・竹原秋幸は、実父・浜村龍造が営む浜村木材に身を寄せ材木の商に手を染めている。熊野一円の山林が、材木伐採という産業と労働の現場である。『地の果て』は、この山林で起こった「境界紛争事件」を通じて、路地の裏山の「公共性」を照らし出している。「北山の現場」で秋幸は浜村木材の所有地を踏み越え、「国から依頼をうけて友永が植林し管理している」国有林の「境界の杉を伐り倒して」、国有林を横切り野猿（手繰りロープの運搬機）を引いてしまう。この自社の私有林から国有林への越境行為が国有林の管理を国から委託されている材木商・友永からのクレームを引き起こす[52]。友永と秋幸、二人の間に生じる悶着の中では二つの「公」が闘ぎあう。「土地が国の物やさか」(土地が国の物だから)と土地の言葉が述べる国有林は、二つの「公」で解釈される。国有林は国のもの、すなわち「公」の所有物であるから個人が材木を取ることもその地を使用することも罷りならない、と友永は主張する[53]。それに対して、秋幸は、国有林は「公」のものであるからこそ皆のものであり、すべての人々にその立ち入りも使用も開かれている、と解釈する[54]。友永の論理は私的所有の論理で、近代の法の論理である。排他的で一義的な私的所有を唯一の所有概念とする法の中では、国有林/国有地もまた「公」を所有の主体(所有者)とする所有物、すなわち公有地(public domain)もまた排他的に所有者が確定され、他の立ち入りや使用を認めない所有地=私有地(private domain)として機能する。対して秋幸の論理では国有林/国有地は私有(private)としての公有(public)ではない、誰のものでなく誰のものでもある共有地(commons)として存在する。路地の裏山とは、この秋幸が示す「公」の共有地(commons)に他ならない。

こうした「公」の共有地(commons)としての裏山の在り方が、小説「海神」が示す路地の「公共性」と言える。完治が、子供時代に裏山の御堂で暮らすことも、そして路地が解体され裏山が削り取られる直前にその頂上の御堂跡に小屋を建て住み着くことも許容する。「homeless」状態の人々の「家」となる「公」の共有地(commons)[55]。それが、路地の「公共性」である。

こうした路地の「公共性」を、小説「海神」は、二つの「重なりあう経験」から導き出している。ひとつは、中世の路地こと被差別部落であった「公界《くがい》」の「公共性」である。歴史家の網野善彦は、「公界」を世間のしがらみから開き放たれる無縁の場所、アジール（避難所）として見出した[56]。また河原や寺や坂、湿地帯などに位置したと言われる「公界」は、中上が言う「語の正確な意味での路地、つまり交通のネットワークの道路が直に居住空間になったところ」であり[57]、それは私有（private）でもなく公有（public）でもない、誰のものでなく、それゆえ誰のものでもある共有地（commons）であったと言える。そうした場所では、その地が自分の「塒」たる居場所であることはその一部を占め自分の住処として住み続けることで認められる、言わば慣習によって既成事実化されるにとどまる。したがって「公界」とは、ゆるやかな土地所有が慣習によって成立し重層的な土地共有が許された世界を意味している。しかし前近代の「公界」の論理は、近代明治期に排他的で独占的な「私有」という論理に取って変わられる。国家の法――「万国公法」という「普遍」を担う法の言葉で共有地（commons）としての「公界」は、一義的で排他的な私有地へと還元されていく。前節で見た路地解体の起源に印された「白紙」の赤い「印鑑」とは、「私有」の論理を法的に支える日の丸＝国家の位相を指し示している。

　路地の裏山に住み続ける完治の行為は、土地接収に抗する占拠であると同時に、かつての路地＝「公界」の生成過程の再演である。「誰の眼にも、地主の玉置が借金を払うのにスーパーマーケットに権利を売り、そこを削り取って海と山と川に囲まれた狭い土地の人の流れをスーパーマーケットに集中させる道を市の金でつくるという事になったという山」に住む完治に「市もスーパーマーケットも困りきっている噂が路地に入ってきたし、土建請負業を営み路地の自治会長もする姉婿が市とスーパーマーケットの密使になって山に立てこもったきりの完治を説得に行ったとも噂が流れた[58]」。「地主の玉置が持っていた山と路地の土地は、市内に五つ店舗をもつ独占のスーパーマーケットが山を、市は土地を権利委譲されていたが、スーパーマーケットは他の大手スーパーが新宮に進出するのを恐れ、それであたり一帯が繁華街になった路地の山を更地にし、道路を整備しあらたに店舗をつくる事が必要になった。／市は、内心は一企業であるスーパーマーケットと行政の癒着だと指摘されるのをおそれたが、二十数年前、払い下げにしてやると路地の持ち家を壊させ建てた住宅が老朽化したということを理由に、建物を取り去り、そこにも駅からスーパーマーケットに抜ける道をつくり、路地の人間らには隅に新たに住宅をつくるという計画を案出したのだった。土地は玉置に巻き上げられ、さらにここに来て借地権まで巻き上げられるのだった[59]」。「公共事業」の名で路地が開発され、スーパーマーケットという私企業に利する道路が敷かれる時、完治は「交通のネットワークの道路」である裏山を「直に居住空間」とし「公界」(commons)の世界をつくりだす。「私有」の病におかされた路地に完治は「公界」の「公」を回復させる。

「海神」が路地の「公共性」を引き出すいまひとつの「重なりあう経験」は、アメリカ大陸のネイティブ・アメリカン、「インディアン」の共有地(commons)である。小説「海神」は、「アメリカで白人がインディアンから土地を取りあげたというのとそっくりの筋書きが、大石誠之助のオイの玉置醒によって演じられた」と述べていた。路地解体を植民地主義に重ね合わせるこの小説の文体は、単に修辞的な比喩表現ではなくひとつの歴史認識の表明として読むべきである。「海神」が執拗にも示すレヴィ・ストロースへの関心も、この歴史認識においてこそ理解される。「大航海時代」、南北アメリカ大陸にヨーロッパの「白人」たちがやってくる。「インディアン」が築いた文明や集落の建造物の配置や空間編成は、ヨーロッパの「白人」たちの侵略で破壊を被ることになる。その破壊をレヴィ・ストロースはこのように見た。「従って村を成しているのは、土地でも小屋でもなく、すでに記述したような或る一つの構造であり、その構造をすべての村が再現するのである。宣教師たちが村の伝統的な配置を妨げることによってすべてを破壊することも、このようにして理解できる」[60]。空間構造や建築物の配置を寸断されることは、「インディアン」にとって、まるで自分たちの精神世界そのものを侵食されるに等しい体験だったはずである。中上という作家にとって、路地の解体とは、おそらくこのような類の出来事と「重なりあう経験」として体験されたものと思われる。

「白人」たちが破壊したもののひとつが、「インディアン」の土地所有の慣習である。特権的な現世的所有者を特定しない「インディアン」の共有地（commons）は、「万国公法」が定める私有権に基づけば「無主の地」と判断される[61]。ヨーロッパ世界の「白人」たちは、この所有者のいない土地という判断を根拠に「インディアン」の共有地（commons）を合法的に我が物とした。路地に起こったのも、これと同じ出来事だった、と「海神」は主張する。小説は、こうした両義的かつ多義的な「西洋近代」の「普遍」に対して批判の目を向ける。南北アメリカの「未開」の「インディアン」に対する宣教師たちの啓蒙は、庇護とも支配ともなりうる両義的な価値を発揮した。それと同じく、モダニスト大石が持ち込む「西洋普遍」の「新思想」は、路地に解放とともに支配を、救いとともに破滅をもたらし、路地解体の端緒を開いた。路地の者に無償診療を行った大石ドクトルの甥の玉置が路地の者から「土地を取り上げた」。この大石・玉置の物語は、「西洋近代」の「普遍」が有する両義性・多義性を示している[62]。私有の論理もまた、権利として保護を与えるのみならず、土地を不動産化し投機的な動きが凶器ともなる資本主義の暴力へ通じる道をひそかに、しかし確実に開いたのだった。

「衛生とは治癒神には二面性を持つ言葉だった[63]」。そう述べる小説が完治に見出すのは、近代の衛生概念とは異なる治癒である。そのひとつは、「業病と呼ばれた病」ハンセン病を病む小栗判官の蘇りの物語が示す熊野という土地そのものの治癒である。いまひとつが、「治癒神」イエスの治癒である。小説「海神」は、『アスディアル武勲詩』を「異教の聖書」と読み、その路地版として書かれていた。路地に対する援助と破壊の両義性を有する大石・玉置は、ヨーロッパの植民地支配において両義的な役割を演じた宣教師と同位にある。対して完治が擬えられるのは「治癒神」イエスの姿である。山形孝夫は、イエス・キリストが古代ヘレニズム時代に活躍した「治癒神」アスクレピオスとの競合に勝利をし、「治癒神」イエスとして信仰を集めるようになった過程を論証している[64]。山形によれば、「治癒神」イエスとは「治癒神」アスクレピオスの覇権に挑んだ「改革者」である。もっぱら病気治療を加持祈祷に頼ったオリンポスの神々を軽度な外科手術を行う新しい医術を用いることで淘汰したアスクレピオスに対して、イエスは、狂気や重い皮膚病（癩病）など、当時、宗教的禁忌を伴い蔑視され社会の最下層で「生きながら死骸のように拒否されていた人々」の治癒を試みようとした。そこには、教会の権威化に伴い失われていく以前の「治癒神」イエスの姿——最も差別を受けていた最下層の人々を救済し組織する

「治癒神」イエスの実践を見ることができる。「業病と呼ばれた病」を病む女と行動をともにする完治の行動原理は、この「治癒神」イエスの延長線上にある。路地（被差別部落）とは、開発が張り巡らす新たな交通や空間編成、それがもたらす移動や速度へ対応することが難しい人々や対応がままならない病者や弱者の居場所であった。「切り崩され血の泡のたぎる海のような路地」とする国土開発の大規模な外科手術が行われている時代、完治は、それとは異なる治癒の行為を試みる。その治癒は、近代が収奪した「公共性」（commons）の回復行為として提示され、開発の「公共性」とは別様の「公共性」、別様の世界を開こうとする。

完治の行為は、ありあわせのもので間に合わせるという意味で、レヴィ・ストロースのいうブリコラージュ（寄せ集め）にも似る。そこでは「何もない社会的剥奪を生み出している条件こそが、何かを生む出す社会的資源」になる。[65] すなわち「無」そのものが「無限」になる。たとえば路地の者たちが誰も住む者のいなかった裏山の陰となる湿地帯に目をつけ活用したように。小説が西洋普遍の価値観が抑圧した「公界」や commons を資源化したように。「無用の者」と言われた完治が路地の治癒をはかったように。違法なものや廃棄物を徹底的に利用することでルールに縛られている者たちが思いつくこともなかった「世界の使い方」を再提示する。[66] 現状の世界に別様の層を見出し、別様の世界の層を生きる「レイヤー生活」（坂口恭平）として路地の「公共性」を見出だすことができる。

路地の「公共性」は、こうした別様の「世界の使い方」として世界に無限の層を見出し、別様の世界を「発明」していく方法である。それは、確固とした実在のように見えた世界を浮動する意味のネットワークとして見いだした路地の人類学者の視力に似て、「近代日本語」／「国語」を多元化し、単一の意味の所有に抗し他なる意味、他なる声を呼び込む小説家の行為と通じている。高度経済成長期から、その「歪んだエコー」の消費社会に至る時代、「無限のエコー」の言葉が宿すのは、「無限のエコー」の「公共性」である。

＊本研究は、科学研究費（基盤（C）17K02448）の研究成果の一部である。

＊中上健次の文学には人種民族、および社会的差別に関わる表現が含まれているが、発売当時の文脈と中上文学が小説表現そのものにおいて差別構造の矛盾を追究したことを重視し、すべて原文のまま引用している。

（1）『熊野集』「鴉」『中上健次集　二』インスクリプト、二〇一八年、二一四頁。なお、以下での中上健次作品の引用は、すべて『中上健次集』による。それ以外から引用を行う場合は、個別に註記する。

（2）熊野集は、『群像』一九八〇年六月号から連載され、一時休載を挟み、八二年三月号まで連載された計一四編の短編小説で編まれた連作集である。『熊野集』各篇の初出は以下の通り。「不死」（『群像』一九八〇年六月号）、「桜川」（同　八〇年七月号）、「蝶鳥」（同　八〇年八月号）、「花郎」（同　八〇年九月号）、「海神」（同　八〇年一〇月号）、「石橋」（同　八〇年一一月号）、「妖霊星」（同　八〇年一二月号）、「勝浦」（同　一九八一年新年号）、「鬼の話」（同　八一年二月号）、「月と死」（同　八一年三月号）、「偸盗の桜」（同　八一年四月号）、「葺き籠り」（同　八二年新年号）、「熊の背中に乗って」（同　八二年二月号）、「鴉」（同　八二年三月号）。『熊野集』は、一九八四年に講談社より単行本として上梓され、各短編は発表時の順番で並べられ編まれている。
(3) 守安敏司『中上健次論　熊野・路地・幻想』解放出版社、二〇〇三年、二三六〜二三九頁。若松司・水内俊雄「和歌山県新宮市同和地区の変容と中上健次」『人権問題研究』第一号、二〇〇一年、若松司「和歌山県新宮市における同和対策事業による公営住宅の建設過程と部落解放運動　一九五三〜七五年」『人文地理』第五六巻第二号、二〇〇四年。
(4) 前掲　守安、若松、水内、若松。
(5) 「ダメ男、ここに極まる」初出『流行通信』一九八五年五月号、『中上健次エッセイ撰集　青春・ボーダー篇』恒文社21、二〇〇一年、三八三〜三八四頁。
(6) 坪井秀人「特集に向けて―日本研究における不可避の課題としての〈失われた二十年〉」『日本研究』第五三巻、二〇一六年。
(7) E．W．サイード『文化と帝国主義1』『文化と帝国主義2』みすず書房、一九九八年、二〇〇一年。Edward W. Said, *Culture and Imperialism*, New York : Vintage : London : Chatto and Windus, 1993.
(8) 若林幹夫『郊外の社会学―現代を生きる形』ちくま新書、二〇〇七年、四二頁。
(9) 吉見俊哉『夢の原子力』ちくま新書、二〇一二年。町村敬志『開発主義の構造と心性』御茶の水書房、二〇一一年。
(10) 前掲　吉見、一一五頁。
(11) 前掲　町村、島村輝『臨界の日本近代文学』世織書房、一九九九年。
(12) 多田治『沖縄イメージの誕生―青い海のカルチュラル・スタディーズ』東洋経済新報社、二〇〇四年。
(13) 『十九歳の地図』初出『文藝』一九七三年六月号、単行本は一九七四年、河出書房新社より出版された。
(14) 「都市」という主題は、『日輪の翼』『讃歌』『軽蔑』など路地解体後に再び中上文学の大きな主題として迫り出してくる。
(15) 『岬』の初出は『文學界』一九七五年十月号、第七十四回・昭和五十年度下半期芥川賞受賞、戦後生まれ

で初の受賞者。単行本は七四年文藝春秋社より出版された。『枯木灘』の初出は『文藝』一九七六年十月～七七年三月号、単行本は七七年河出書房新社より出版。『地の果て　至上の時』は一九八三年新潮社より書き下ろしで出版、一部は八一年韓国の『文藝中央』（中央日報社）に発表。

(16) 実際、紀州サーガと呼ばれる秋幸三部作が描く路地／被差別部落の土建請負業者とは、戦後の日本社会において地域開発を、さらには原子力発電所の建設をも下請け、あるいは孫請けとして担うことになった人々でもある。また戦後に建設された原子力発電所で働く「原発ジプシー」（堀江邦夫）に、東北、沖縄・奄美と並んで少なくない労働力を拠出してきた場所のひとつが路地こと被差別部落であろう。

(17) 「朝日ジャーナル」一九七七年七月一日～七八年一月二〇日号（全二五回）。

(18) 『紀州―木の国・根の国物語』『中上健次集四』インスクリプト、二〇一六年、一四頁。

(19) 「だからみなさんもそうした体内にためていくような、中原中也だって今まで言われてきたのと違ってきてますからね。だからそういう「斜めの光」というのかな、「無限のエコー」ですよね。「無量の筋」と言ってもいいのかな、そういうものをたくさん、ためる学び方、習い方、そういうのをされるといいなあと思いますね。」（吉増剛造『詩学講義　無限のエコー』慶應義塾大学出版会、二〇一六年、五五頁）。

(20) 郷原佳以「指呼詞を折り重ねる―『怪物くん』の歩行」（『三田文学』冬季号、二〇一八年）は、「言語は表現できない」（一九九頁）ものであり、吉増の詩の行為が「言語の断絶」の「反復」であることを指摘する。そのうえで、吉増が「「明治二十年」前後をめぐる言語の均質化の効果にすぎない」「近代日本語」の「豊饒さ」を「拒絶」し、その「豊饒さ」を退けたものとして石川啄木の『ローマ字日記』を評価したことを指摘する佐々木中の論を引いたあとに次のように言う。「吉増の言語は、用いる表記が多種多様でも、それが均質言語への「抵抗」である限りにおいて、むしろそうした「貧しさ」に通じている」（一九九～二〇〇頁）。「文字の連なりを意味として受け取ることの困難な吉増の詩においても、そこにあるのは生の声でも美的な音楽でも視覚的多様性でもなく、「書き文字以上の書き文字」であり、それゆえ、徹底した隔たりにして、断絶の反復である」（二〇〇頁）。

(21)『熊野集』「花郎《ふぁらむ》」『中上健次集　二』五一頁。

(22)吉増剛造「老詩人」『続・吉増剛造詩集』思潮社、一九九四年／『草書で書かれた、川』思潮社、一九七七年　七〇頁。英訳は Yoshimasu Gōzō "The Old Poet", "*A Thousand Steps... and More : Selected Poems and Prose 1964-1984*" *Asian Poetry in Translation : Japan #8*, Translated by Richard Arno, Brenda Barrows, Takao Lento, Rochester, Michigan ; KATYDID BOOKS, Oakland University, 1987.

(23)吉増「老詩人」七三頁。

(24)吉増は、ＩＷＰに一九七一年、一九八七年、二〇〇四年の三回参加している。二〇一七年はアイオワ大学 International Writing Program（IWP）が創設五〇周年の記念の年であり、それを記念する一連行事の筆頭であるジャパン・ウィーク「A Half Century Of Japanese Writers in Iowa」が二〇一七年四月に行われた。ケンダル・ハイツマンがメインディレクターとしてコーディネートした本会に、筆者は、吉増剛造、フォレスト・ガンダ、中上紀、サワコ・ナカヤス、吉田恭子、アン・マクナイト、リサ・サミュエルズらとともに参加し、Lectures On Kenji Nakagami（IWP1982）にて講演「中上健次とアメリカ」を行なった。本稿は、その講演の内容を一部含むものである。本文で触れた吉増剛造の「無限のエコー」と中上健次の呼応関係に関連して、筆者は同会の Poetry and Multimedia Performance にて剛造の「老詩人」の reading をライブで聴く幸運な機会に恵まれた。そのリーディング・パフォーマンスも含む本会の模様の一部は、映像作家・Toko Shiki によるドキュメンタリー・フィルム "Media is The Messager" にて見ることができる。

(25)松岡心平『宴の身体―バサラから世阿弥へ』岩波現代文庫、一九九一→二〇〇四年。

(26)『熊野集』「海神」六六頁。

(27)『熊野集』「海神」六八頁。

(28)『熊野集』「海神」七一頁。

(29)『熊野集』「海神」七四頁。

(30)『熊野集』「海神」六八頁。

(31)『熊野集』「海神」七一頁。
(32)『熊野集』「海神」七六頁。
(33)『熊野集』「海神」六五頁。
(34)『熊野集』「海神」六四頁。
(35)『熊野集』「海神」六五頁。
(36)『熊野集』「海神」六七頁。
(37)『熊野集』「海神」七一頁。
(38)『熊野集』「海神」六八頁。
(39)『熊野集』「海神」六三～六四頁。
(40)『波』一九七七年四月号『中上健次エッセイ撰集　青春・ボーダー篇』二二四頁。
(41)「小説家の想像力」一九九〇年二月、新宮市における講演―『熊野誌』第三九号、高澤秀次「中上健次論―臥竜山解体」『中上健次事典　論考と取材日録』恒文社21、二〇〇二年　六八頁。
(42)前掲　高澤、六九頁。
(43)ここには、長編『地の果て　至上の時』に描かれる、路地の者に親切だった大石への事件後の路地の者(部落民)たちの親身ではない振る舞いも含意されているだろう。「時の権力を握った薩長勢力が、紀州藩水野のひざ元の土地と維新の志士を排出した土地を叩くのが目的で片言隻句をとらえ、謀叛謀議のかどで、一網打尽にした。佐倉は医者や牧師家老や路地を檀家に持つ住職らが検束されていく姿を思い浮かべて涙し、路地の者らが恩を受けながら何の嘆願行動もしなかったとなじった」。『地の果て　至上の時』『中上健次集　六』インスクリプト、二〇一四年　二一一頁。
(44)『熊野集』「海神」六五頁。
(45)「風景の向こうへ　韓国の旅」初出『東京新聞』一九七八年八月二四日、『中上健次エッセイ撰集　青春・ボーダー篇』二二九～二三〇頁。

（46）「バサラの美」『中上健次エッセイ撰集　文学・芸能篇』恒文社21、二〇〇二年、三八七〜三八八頁。
（47）『熊野集』「海神」六五頁。
（48）「紀伊半島、紀州とは、いまひとつの国である気がする。まさに神武以来の敗れ続けてきた闇に沈んだ国である」『紀州─木の国・根の国物語』（『中上健次集四』インスクリプト、二〇一六年、一三頁）。「被差別部落が、冷や飯を食わされ続けて来た紀州、紀伊半島の中でも一等半島的状況、紀伊という歪み、特性が積み重なったところでもある、と私は思っている」『紀州』（十八頁）。そう「古事記の神武東征の条りに記された神武の軍と熊をトーテムとする部族の戦」（「バサラの美」初出『すばる』一九八四年四月号、『エッセイ撰集　文学・芸能篇』、三八一頁）。「被差別部落を訪ねるたびに、私が思い描いた「戦争」とはこの敗れた者らと勝利した者らの戦のことである」『紀州』（二〇八頁）。
（49）「バサラの美」三七六頁。
（50）「異界にて」初出『ＧＳＩ』一九八四年六月三〇日創刊号、『エッセイ撰集　青春・ボーダー篇』二九九頁。
（51）「読経の声にも似た木々のざわめき」初出『朝日ジャーナル』一九八三年八月五日、『エッセイ撰集　青春・ボーダー篇』四三三頁。
（52）前掲『地の果て　至上の時』一四九頁。
（53）『地の果て　至上の時』一四九頁。
（54）『地の果て　至上の時』一四九頁。
（55）「homeless」は生田武志の以下の説明による。「カタカナのホームレスと英語の「homeless」だが、このふたつは実は意味がぜんぜん違う。たとえば、日本で中越地震が起こり、多くの人が家を失ったが、これは英語ではたとえば「Japan quakes kill 21, thousands are homeless.」（日本の地震で二一人が死亡、数千人がホームレスに）と報道された。英語の「homeless」は、「何らかの理由で住居を失い、シェルターや寮、病院、知人宅などで過ごしている状態」のことをおおざっぱに指しているので、被災者も野宿者もみんな「homeless」である」（『ルポ最底辺─不安定就労と野宿』ちくま新書、二〇〇七年、一五頁）

(56)網野善彦『無縁・公界・楽――日本中世の自由と平和』平凡社、一九八七→一九九六年。
(57)「異界にて」『エッセイ撰集　青春・ボーダー篇』二九九頁。
(58)『熊野集』「海神」七一頁。
(59)『熊野集』「石橋」八七頁。
(60)クロード＝レヴィ・ストロース『悲しき熱帯II』(川田順造訳、中央公論社、二〇〇一年、二三頁／Claude Levi Strauss *Tristes Tropiques*, 1955.
(61)「万国公法」と植民地主義については、小森陽一『思想のフロンティア　ポストコロニアル』岩波書店二〇〇一年。
(62)丹羽邦男をひきつつ黒川みどりが指摘している地租改正と解放令の順序と関係は、こうした権利とも利権(収奪)とも、解放とも抑圧ともなる「西洋普遍」の両義的な有り様を示しているだろう。「土地制度史の研究で知られる丹羽邦男が強調しているように、地租改正のために「解放令」が発布されたのではなく、四民平等のもとで人民が自主自由を実現することこそが国家的独立を保持しうると考え、そのための近代国家建設の一環として租税改正を進めていった過程で「解放令」を生んだのであった」。黒川みどり『近代部落史　明治から現代まで』平凡社新書　二〇一一年、二一頁。
(63)『熊野集』「海神」七五頁。
(64)山形孝夫『治癒神イエスの誕生』ちくま学芸文庫、二〇一〇年。同『聖書の起源』ちくま学芸文庫、二〇一〇年。
(65)金菱清・大澤史伸『反福祉論　新時代のセーフティーネットを求めて』ちくま新書、二〇一四年、二〇一頁。
(66)前掲　金・大澤、一八六頁。

第5章　吉行淳之介と中間小説
——転換点としての『すれすれ』

長瀬　海

吉行淳之介『すれすれ』一九五九年初版、講談社

1　中間小説の隆盛と高度経済成長

高度経済成長がもたらしたエネルギーは、あまねく大衆に伝播した。その結果として、文学の領野においても、純文学の書き手が活躍する「場」に変化が起きた。これまで純文学を主戦場としてきた小説家たちは、より大衆に向けた、娯楽用の作品を書き始めた。いわゆる、中間小説と呼ばれるものである。とは言っても、この時期に初めて中間小説という言葉が誕生したわけではない。高見順の『昭和文学盛衰史』では、戦前の直木賞候補作家の古沢元が同人誌『麦』の一九四一年八月号で「中間文学者」という言葉を同様の意味を持つものとして初めて使用したことが指摘されている(1)。

しかしながら、いずれにせよ、中間小説という言葉が定着するようになったのは、戦後、しかも、高度経済成長の始まりとほとんど同時期だというのが通常の捉え方だろう。高度経済成長が大衆社会を生み出し、そのなかで、マスコミュニケーションの存在が肥大化していく。すると、大衆向けの雑誌が無数に市場に出回り、その多くは純文学作家に「場」を提供するようになる。瀬沼茂樹は高度経済成長期における右記のような純文学の周辺で起きた変化について、『日本近代文学大事典』の「中間小説」の項で次のように書いている。

昭和三十年代に入って、大衆社会状況が高度成長に促進せられて大量生産の大量消費という事態に即して、文学の商品化を飛躍的に助長した。純文学と大衆文学との区別は曖昧になり、作家はタレント化あるいは芸能化され、中間小説をふくめて大衆文学、通俗文学の娯楽読物化、消費物質化はめだちはじめた。ことに明治、大正生れの作家が死に、世代の交替がめだつとともに、古い文学観念の消滅に代わる新しい文学観念が樹立されず、文学の物語的要素を駆って、異常に低俗な通俗的興味を志向するにいたった。異常なマスコミの発達に培われた小説読者の激増がいよいよこの傾向を助長し、いまや中間文化と称されるにふさわしい文化形態として中間小説なる高級通俗読物の存在を可能にしている。さらには、純文学作家が読み切り連載の形で月刊または週刊の中間小説を書き、読者には作家の区別もわからなくなってしまった。(2)

この変化の背後にあるのは、純文学作家の週刊誌への進出である。同時期には、これまで純文学系の各出版社が相次いで週刊誌を刊行し始めた。いち早く『週刊新潮』が一九五六年の四月に、次いで『週刊女性』が一九五七年の三月に（ただし発行元の河出書房がその後すぐに倒産したため四号で休刊、同年八月に主婦の生活社より復刊）、一九五九年には『週刊現代』が三月に、『週刊文春』が四月に、『週刊コウロン』が十一月に、続々と登場していった。「文学の商品化」の加速という事態は、こうした連載小説の新しい「場」の出現と並行して行われたのである。

そのなかで失われていったものは何か。十返肇は「中間小説とその背景」のなかで中間小説には「人間の個の面における追求」が見られないといい、そのことは、作家が従来のように「私」を追求することが困難になっていることを意味すると述べる。「私小説におけるような「私」の描き方では、『私』が出せなくなってきたということは、『私』という一字では私なるものが何者か読者に信じられなくなってきたということである」と十返が言うように、確かに中間小説にも「私」を描いた作品は少なくないが、そこでは「私」の内面の問題よりも、その行為やそれによって巻き起こる事件をどのように、ユーモラスに、あるいは、エロティックに描くかという方に重きが置かれるのである。(3) だから、村松剛が「中間小説論」で「中間・風俗小説の現実描写を擬似リアリズムに終わらせているのは、作家の妥協的態度であり、自己主張の精神の希薄さだ」と述べ、こうした状況には強力なリアリズムでもって対抗せねばならないと息巻いた時、彼には純文学における「私」性の喪失、すなわち、私小説の変質という事態が見えていたのだ。そして、村松は、そうした陥穽から抜け出る可能性を、「石川淳の初期の一人称小説、あるいは殊に伊藤整の『鳴海仙吉』など」に並んで、私小説的作品を得意とした第三の新人と呼ばれる一群の小説家たちのなかに見いだすことで論を閉じているが、中間小説と私小説の攻防がここから展開されることが期待されていたのである。(4)

だが、皮肉にも、この時、以上のような問題の渦中に巻き込まれていったのは、他でもない、第三の新人たちであった。高度経済成長もピークを迎えつつあった一九六五年七月、小島信夫、遠藤周作、安岡章太郎、吉行淳之介、庄野潤三は『文藝』の誌上での座談会に呼ばれ、「純文学以外の仕事について」という議題について話している。彼らは、編集部から小島、庄野以外の三人は積極的に中間小説を書いていることを指摘されると、それは資質とタイプの問題であり、「ジャーナリズムの要求するものに対して、応え得るものを自分がどれだけもっているか」ということがそこでは問題になると述べている。自ら、中間小説の書き手としての一面を持っていることを自認しているわけである。(5)

その結果として、例えば鈴木貞美が「遠藤周作、安岡章太郎、吉行淳之介、北杜夫らいわゆる『第三の新人』と呼ばれたグループは、書くものを『純文学』とユーモアエッセイなどの『中間もの』に、いわば二重化して対処する姿勢を見せた」と指摘しているように、彼ら自身の作家としてのアイデンティティが乖離し始め、もう一つのペルソナとも呼ぶべきものが生まれ始めたのである。(6)

こうした中間小説が純文学を侵食し、内部から溶解せしめるような状況に対して、周囲の批評家や作家からは否定的な見方が次第に強まっていった。平野謙は当時の新人小説家たちの小説に中間小説の影響が色濃く見られることに違和感を覚え、「意外にみな中間小説的作法にその深部を犯されていて、しかも自分ではその毒をよく意識していないようだ。両者に共通なものは私小説的精神の脱落である。私は結局のところ、私小説は克服さるべきものと思っているが、その歴史的蓄積を無視して、安易に翻訳小説を下敷きにしたり、中間小説的構成を本道のように思い込まれては困る、と言っておきたい」と述べている。(7)また、河上徹太郎も「中間小説の衝角攻撃を受けた純文学が、どんなよろめきを見せるか、どんな本拠を再構築するかは、わが文学全体の動きにとって大切な指針になる」と言っているし、(8)江藤淳に至っては、「中間小説が純文学を衰弱させたというのはすでに定説である。しかし、それは同時に大衆小説をも病ませていたのではないか」と、中間小説は純文学・大衆小説という近代日本文学を駆動させてきた両輪を破壊しつつあることを指摘している。(9)

このように、高度経済成長がもたらした中間小説の隆盛に関しては、押し並べて悲嘆的な捉え方をされるのが常だった。戦後の急激な経済成長とともに増殖し始めた中間小説は、純文学の堕落を招き、弱体化せしめる病原菌のようなものだと考えられていたのだ。だが、果たして本当に、純文学の書き手は中間小説への敷居を跨ぐことで、ただ作家としてのアイデンティティ・クライシスを経験しただけだと片付けて良いのであろうか。平野謙の述べるように、「私小説は克服さるべきもの」だったとして、その血路を彼らは、中間小説という私小説の対極にある領野に挑戦するなかで見いだすことができたと考えられないだろうか。あるいは、中間小説の書き手というペルソナが逆説的に、純文学作家としての彼らの自己を強化し、延命させたのではないだろうか。

本稿では、こうした問いに対する答えを検証するため、先に挙げた第三の新人のうち、いち早く中間小説に手を染めた吉行淳之介と、彼の中間小説処女作である『すれすれ』について考察していく。

2　父と対峙する小説『すれすれ』

『すれすれ』は連載小説として、講談社の週刊誌『週刊現代』の一九五九年四月十二日号から同年十二月二十七日号まで掲載された。高度経済成長の最中、ジャーナリズムの勢力が倍加し、その後、中間小説の主たる「場」となる週刊誌が続々と誕生するという現象が一九五〇年代に起きていたことは、先に見たとおりである。その中心的雑誌だった『週刊現代』の創刊号からのレギュラーメンバーとなった

『すれすれ』は、産声をあげたばかりの雑誌にとって目玉小説だった。

これまで文芸誌のみで作品を展開していた吉行が『週刊現代』に執筆することになった背景は以下のとおりである。同年『群像』の編集長だった大久保房男が、『週刊現代』の初代編集長となった。大久保房男は「第三の新人」の力量を認め、積極的に彼らの作品を世に送り出した人物である。吉行にとっても重要な人物であり、これまで主に短編を断続的に執筆していた彼に、批評家たちに相手にされるような長編を書くよう勧めたのが大久保であった。例えば、『群像』一九五八年九月号に掲載された『男と女の子』は、こうした大久保の熱心な後押しから書かれたものであった。『すれすれ』もまた、大久保房男が吉行に井原西鶴『好色一代男』の現代版を書いてくれないかと要請したことから執筆された。

吉行はこうした執筆事情について、後年、『私の文学放浪』のなかで、「週刊誌の小説をかくにあたって、なるべく広い範囲の読者に受け入れられるための材料として、私が考えたことはワイダンである」と語っているが、井原西鶴の好色物の代表作である『好色一代男』を下敷きにすることで、エロスとエンターテインメントを兼ね揃えた作品を目指したのである。

『すれすれ』はハンカチ・タクシー（白タク）という、いわばもぐりのタクシー運転手を営んでいる主人公石原沢吉の好色遍歴の話である。石原沢吉の父親は千人切りの好色家であった。亡き父親と自分の性体験の雲泥の差にコンプレックスを覚え、それがそのまま父親の呪縛となり、父を越えたいという意思に変わる。そして沢吉はタクシードライバーという身分を利用して、好色遍歴の道を極める修行に出るのだ。だが、乗せた女性客を片端から口説くがいつもあと少しのところで逃げられる。石原はそんなみじめな毎日に嫌気がさしていた。すると、ある偶然から父の愛人であった女性と出会い、父の死の真相を聞かされる。そして父が生前隠し持っていたひとつのアルバムを渡されるのだが、そのアルバムとは千人分の女性の陰毛のコレクションだった。亡き父の性体験を如実に語る遺品を手にして以降、経験を積むにつれて、沢吉は女性とのかけひきに巧みになる。喫茶店のウエイトレス、小料理屋勤めの女、新劇研究生、女教師、ファッションモデルから美人学校という謎めいたスクールの校長まで、沢吉のドン・ファン的好色に磨きがかかるのである。彼はどうにかして、父の呪縛から逃れんとする。その矢先に若き父の面影に出会う。それ以降、主人公は父を超越する力を手に入れることとなる、というのがあらすじだ。

作品には、吉行がひとつでも多くの「ワイダン」を入れようと躍起になっていた姿が垣間見える。吉行は『私の文学放浪』で、自作を解説し、この作品はピカレスク・ロマンの形式をとっていると同時にビルドゥングス・ロマンでもあると述べている。ピカレスク小説、俗に言う悪漢小説は、主人公が暴力や犯罪などを行いながらも最終的に自己破滅を招くという形式を基本とする。好色遊びをよしとする石原が、女性を追いかけまわし、その都度失敗するという前半部の物語構造はまさにピカレスク・ロマンである。

しかし、後半、沢吉は経験の積み重ねによって、どのように女性を扱えばものにできるのか、自然と悟っていく。これを成長というのなら、ビルドゥングス・ロマン（教養小説）、つまり、主人公が社会を遍歴しながら自己成長を遂げる型の小説であるといえよう。ただ、この小説では主人公に精神的な成長はみられず、ビルドゥングス・ロマンとは主人公の内面形成の過程を描く小説であるのだから、そういう意味では『すれすれ』を真正面からビルドゥングス・ロマンと捉えることには躊躇いを覚えてしまう。だが、この点に関して川村二郎の次のような指摘が示唆的である。

『すれすれ』の主人公の遍歴は、表面的には技術の練磨と反復の道だが、その下層においては甦れて後やむしかない精神が、有為転変のさなかに自己自身を確証する道ではあるまいか。その確証の過程に付随する滑稽のうらがなしさは、どうやら、ロマン・ピカレスク、乃至エンターテイメントの許容範囲を超えるまでに濃くなっている。（中略）確証の過程そのもの、いいかえれば認識の輪郭の明確化が、うらがなしさの沈殿とともに、物語の運動として印象づけられる時、この運動において、物語を、通念的なそれとは一線を劃した、きわめて独特な、受難史的な教養小説と考えることが可能になってくるのである。(10)

つまり、ドン・ファンとして生きなければならない運命を突きつけられ、そこから逃避することなく、その役回りを演じきること。それが本作の主人公に課せられた使命である。これがもし定型通りのビルドゥングス・ロマンならば、自己の精神的な成長によって、例えば父親になり、色道から足を洗い、欲望との戦いに勝利を収めるというストーリーになるだろう。しかしながら、この物語で主人公が歩んでいくのは、そのような成長の物語ではなく、父親との対峙であり、いかにして、亡き父の呪縛をその屍を乗り越える形で打ち破るか、そしてその先で主体的な生を手に入れることができるか、というある意味では古典的な父と子の物語なのである。「崖の上の家で、石原沢吉は自分でドンファンの気質を持っていることを確認した。その気質を持っていることが、そのままドンファンになれる可能性があるということにはならない。しかし、ドンファンとして悪名高かった亡父竜一のことを思い浮べると、『自分だって、あるいは』という気持が、沢吉の心に起ってくるのだ。」　性体験に乏しい沢吉は、「自分だって、あるいは」という軽々しい気持で、父のような存在に近づこうと決意する。彼にとってのビルドゥングス・ロマンの物語はここから始まる。すなわち、この小説は最初から対自己という精神的な成長のストーリーではなく、対父親という枠組みのなかでの成長の物語が運命付けられているのだ。

物語後半になって、次第に開花しつつあるドン・ファンとしての才能に自負を覚えるものの、ひとりのファム・ファタール的な女性の虜となり身を滅ぼしそうになる沢吉を前に、かつて父と親しかった理髪店の店主・山藤孝作が、助言を授ける場面がある。

「沢吉さん。水際の崖に生えている山芋が、年月を経てしだいに逞しく大きくなってくる。ある日、突然、その山芋が鰻に変じて、水の中を泳ぎはじめる、という話を知っていますか。」

「いや」

「山芋変じてウナギになる、という諺です。そのウナギはやがて大ウナギとなり、ついには竜となって、雲を呼び天に登ってゆくのですよ。あなたはいま、そのウナギになったばかりのところです。くれぐれもご自重ください」

山藤孝作の言葉を、石原沢吉は深く頭を垂れて聞き入っていた。やがて沢吉はぐっと首をもたげて山藤の眼をのぞきこむと、力を込めて言った。

「ようく分かりました。僕も自重して、おやじの衣鉢をつぐべく努める覚悟、いや、おやじのように、いやいや、おやじを超えて、ぼくは……、ぼくは……」

この瞬間に、石原の宿命は色道を極め、当代一流のドン・ファンとなるという目的から少しずれ、父親の背中を追いかけ、並ぶこと、いや、その背中を追い抜くことへと変わっていった。色道修行での「有為転変のさなかに自己自身を確証する道」とはこうした、例えそれが亡父の呪縛であっても、自己自身の運命に抗うことなく、それを自ら引き受けて、その先へ向かう、というようなものなのである。その限りにおいて、この『すれすれ』は吉行淳之介のこれまでの小説とは一線を画しているばかりか、父との対峙という、彼がこれまで避けてきた問題と向き合うことを吉行に促す契機となったのである。

それまで吉行の作品には、父と子の葛藤や、父に対峙する子という主題はほとんど見られなかった。わずかに「文学界」一九五五年六月号に掲載された短編「夏の休暇」に父という登場人物が描かれているのみである。それも、小学五年生の一郎が、傍目にも若い父親に連れまわされて、その先々で初めての経験の数々をするという短い物語で、そこにあるのは、父と向き合うことというよりは、決して振り向かない父の背中を追いかける、というぐらいのものなのである。

だから、『すれすれ』で、父はすでに死に、その姿を直視することはないものの、父と真正面から対峙する物語を描いたことは、吉行の内奥で閉ざされた鉄扉をそっと開けるようなものであり、事実、これ以降、吉行は父と子を物語の主題に据えた作品を幾つか描くことになるのだ。

例えば、文芸誌『風景』の一九六〇年十月号（創刊号）には「電話と短刀」という短編を書いており、この小説は、父が死んだ時の年齢に差し掛かった子が、それまでわずかな記憶と噂のレベルでの情報しか持ち合わせていなかった父を知ろうという物語である。「去年、じつは死ぬかと思っていた」私は、まさに同じく三十代の半ばで死んだ父と危うく同じ運命を辿りそうになり、「厭なもの」という感覚を受ける。だが、そのことから、ふと「父のこと知りたい」という感情を覚え始める。彼の急死の原因は腹上死だと言われていたが果たして本当なのか。彼には愛人に産ませた隠し子がいた、しかし、母ともに戦死したと聞くが真相はどうなのか。そういった一つひとつの曖昧な父に対する情報を確かめるために、生前父と仲良くしていた友人や兄弟に会いに行く、というのがおおまかな話の筋である。河野多恵子は「この短編には、人間として、同性としての吉行さんのエイスケ（吉行の父、吉行エイスケのこと＝引用者）への関心と親愛の深さがじつによく現れているのである」と言っているが[11]、物語中の「父」をそのまま吉行エイスケだと断定することには留保が必要なものの、やはり、この小説はそれまで無関心を貫いてきた吉行が父と向き合うという主題に挑戦した、初期にして珍しい作品の一つと言って良いであろう。「電話と短刀」は、『すれすれ』を執筆したわずか一年後に書かれた。筆者は、ここに、必然的な時間の流れを見る。中間小説『すれすれ』で父と子の対峙という主題を深刻ぶらずに描けたことが、吉行に純文学の側でも同じことを、今度はより重い主題として描き切ることを可能とさせたのである。

こうした父と子を描いた作品の延長に、吉行の代表作のひとつ、『砂の上の植物群』（一九六四年）があることも指摘しておかなければならないだろう。この作品でも、若くして世を去った父の影に付き纏われている主人公が、やがて父の幻影と対峙し、その屍をいかにして踏み越えていくかということが主題となっている。主人公の伊木一郎は、画家であった父のモデルを務めたこともある妻の江美子が、父と性的な関係を結んだのではないかという疑いを持つ。そのことがひとつの呪縛となって、彼の人生を翻弄する。物語の最後は彼の耳に、父の声が聞こえてくる場面で終わる。それは一郎が性の充足の果てに見出した、自己内部の変化を受け止めようとするところに現れるのである。

「勘違いするな、三十四歳で終った俺の人生のつづきを、お前に引き継がせているのだ」

その声の方に向けた彼の眼に、窓の外の風景が映った。戸外は夜になっていて、貨物船からは、黒い影絵になった幾本もの出が、天に向って突出された。

また、声が聞こえてきた。

「俺は、お前の中に潜り込んでいるのだぞ」

彼はかすかに軀を揺すり、その声に向って答えた。

「僕の中にいると、ひどい目に遇うぞ」

彼は言葉を続けて、

「それが復讐だ」
と小さく呟き、いそいで頭を左右に振った。これからのことは、すでに亡父とは無関係のことなのだ、と彼はおもったのだ。

物語の終幕で、ようやく、一郎は父の幻影を振り払い、その先へと進むことができる。それは父との決別であり、父が敷いたレールの終点の彼方に歩いていくことを意味するのだ。

このように見ていくと、吉行淳之介には父と子の関係性をモチーフとした作品が少ないながらも散見されることに気がつく。それを時系列順に並べるならば、『すれすれ』、「夏の休暇」、そして『砂の上の植物群』といった具合になる。すなわち、中間小説、短編、そして長編へと推移していくわけだが、そのことが教えてくれるのは、作品の重力を極力軽くする形式の中間小説を通じて作者は、これまで忌避してきた父との対峙を試みることができた、ということではないだろうか。つまり、初めに中間小説で以上のような主題に挑戦したことが契機となって、父と真正面から向き合うことという、いつかは描かねばならなかった主題を、今度は純文学のなかで、より重い物語として、書くことができたのではないだろうか。

そのように考えるとき、『すれすれ』は決して吉行淳之介の純文学作家としての特質を損なうものではない作品として映る。それは、第三の新人として戦後における素朴な日常性を描いていた吉行が一つ先に進むための、重要な迂回路であったのだ。

また、もう一つ、『すれすれ』という小説は、こうした新たな主題への挑戦を可能にしたこと以外にも、吉行淳之介に作家としての幅を持たす契機となっている面があったことも見逃せない。それは吉行淳之介を井原西鶴という近世における浮世草子の代表的作者へと接近させたことである。後年、吉行淳之介は西鶴に没頭することとなるが、そのきっかけが『すれすれ』だったのではないかと筆者は考えるのである。以下では、『すれすれ』を通じて、吉行が西鶴とどのように邂逅し、そこに何を見出し、純文学作家としての自己の血肉として吸収していったのかを考察する。

3　『すれすれ』から『好色一代男』へ

先述した通り、『すれすれ』は『好色一代男』を模して書かれた。その背景には、『週刊現代』の初代編集長大久保房男が、『すれすれ』執筆に際して、吉行に「『好色一代男』現代版を書け」と注文したという事情がある。それは、吉行の本質と、『好色一代男』の主人公・世之介の好色性に何かしら近似するものを感じ取った「鬼の編集長」大久保なりの直感があったからだという。だが、この時点で、吉行が西鶴を熱心に読んでいたというわけではない。むしろ下敷きとなっているのは、芥川龍之介が『好色一代男』のパロディとして書いた短編「世之助の話」（「新小説」一九一八年四月号）の方である。「世之助の話」とは、世之助という若い男が「友だち」に、「三千七百四十二人の女に戯れ、七百二十五人の少《せう》人《じん》を弄《もてあそ》んだと云ふ事だが、あれは君、ほんたうかい」と訊ねられるところから始まる。世之助は、疑う友人に、そのうちの一例として、女性の「体を、あらゆる点から味つた」ひとつのエピソードを語る。ある時、世之助がボートに乗っていると、人妻風の女が乗り合わせてきた。しばらくして、偶然人妻の手の甲に世之助の手が触れると、「その肉体構造から官能についての微細なところ、さらには精神内容を含む全存在がわかってしまった」という。そのわずかな触れ合いによって世之助は性の充足を覚えるといった短い話である。

このエピソードは、『すれすれ』の第三十一章「膝と脇」にパスティーシュされている。竹野静雄はその類似点を見定め、「実に言葉遣いに至るまで、『世之助の話』に借りているのである。そのため本邦無比な世之介とはこと変わって、かなり観照的なドンファン像とならざるを得ない」と、芥川の不出来な『好色一代男』のパロディを下敷きにしてしまったがために、『すれすれ』の主人公・石原が世之介的な人物像からかなりかけ離れてしまったと指摘している。[12] あるいは、久保田芳太郎も、「吉行淳之介が描く男性像は、『すれすれ』の主人公石原沢吉が『ドンファンとしての精神構造』を持っているように、おおむねドン・ファン型に属している。すなわち、女性の心と肉体に対してたえず絶対の理念を仮託しているものたちなのだ。それゆえ、またそこにこそ作家吉行の、ロマンティストとしての資質があるといえる。だからこういう観点から眺めてみると、西鶴は冷厳なリアリストであり、吉行は優美なロマンティストということになって、このふたりは全く異質で、しかも対照的である」と述べているように、[13] 吉行は『すれすれ』の執筆時点では西鶴の文学性を知悉していたわけではなく、『すれすれ』自体、『好色一代男』を内容や構造的に踏襲したものとは言えない。

しかし、それでも『すれすれ』が形式的にであれ、『好色一代男』を模倣しようとしたことには意味がある。吉行は以降、西鶴の現代語訳を続々と手がけていく。まず、一九六八年に『好色一代女』を。続いて、一九七一年には『西鶴置土産』、一九七五年には『万の文反古』『世間胸算用』を。そして、一九八〇年には『好色一代男』の現代語訳を完成させる。そもそも、吉行は、「日本の古典も、私はほとんど知らない。一つには、戦時中に『日本への回帰』というような言葉に反発したこともあったとおもう。もう一つは、文語体への拒絶反応（および読みにくいという怠け心をそそる点もある）がある」と後年語っているように、日本の古典作品を意図して避けてきた。けれども、先の文章に続いて「ただ、西鶴については例外で、いまはその作家についてはある程度の見解を持っている」と綴っていることからも、この文章が書かれた一九七五年には、井原西鶴に対して関心を抱くようになっていたことがわかる。吉行淳之介の描く好色性を西鶴のそれに結びつけた大久保房男により当代風『好色一代男』の執筆が促されると、吉行は自ら積極的にその役回りを演じようとした。それが、吉行が西鶴に接近する発端となったのだろう。現に吉行も現代語訳『好色一代男』の役者覚え書で、「私の『世之介』風の部分にジャーナリズムが目をつけ」たところから、西鶴に近づくようになったと述べている。では、吉行は西鶴の何にそれほど感応したのだろうか。

一九七七年に講演嫌いで有名な吉行が、珍しく第二十一回大東急記念公開講座「西鶴」に出席し、「西鶴について」という題目で講演を行っている。同じく、その日の出席者はいずれも近世文学研究者の暉峻康隆、松田修、野間光辰であった。

吉行はその講演で西鶴について次のように語る。

（前略）美人を見ますと、こちらにひとつ感情の靄が湧く。これは二千年前から共通だと思うのです。感情の靄ができてます。その感情の靄を抒情的に歌いあげて書く作家はダメなのです。これはダメなのです。よく憶えておいて下さい、そういう作家はダメなのです。よくダマされている人が多いから……。靄でなく、そのモノ自体を書くのが我々の義務なのです。それがモノを見る力というか、様式の近代性ではない何かなのです。（中略）

これは時代とともに獲得される近代性というものとは違うその人自体の持っている眼です。それを西鶴は持っていたのです。なぜ持っていたか、それはわからないが生まれつきでしょう。それから環境も当然あるでしょう。ですが、そういう人はいるわけです。(14)

ここで吉行は西鶴の「モノを見る力」に強く感動している。「モノを見る力」とは何か。簡単に言えば、それは、時代が人間に与えるあらゆる価値観に惑わされることなく、物事の素朴なリアリティを見つめる、その力である。例えば、『好色一代男』は次のような書き出しで始まる。

桜もちるに歎き、月はかぎりありて入佐山、ここに但馬の国かねほる里の辺に、浮世の事を外になして、色道ふたつに寝ても覚めても「夢介」とかへ名よばれて、名古や三左、加賀の八などと、七つ菱にくみして、身は酒にひたし、一条夜更けて戻り橋、ある時は若衆出立、姿をかへて墨染の長袖、又はたて髪かづら、「化物が通る」とは誠にこれぞかし。[15]

廣末保はこの冒頭部に触れ、「桜・月の有限性は無常観的な詠嘆によってとらえられているがために、有限でありながら普遍化され、無限定的な広がりを持つことができた」とし、そして、「この《自然美の有限性＝無常観的な時間観念＝普遍性》という連関を断ち切るようにして、『一代男』は書き出される。それは無常観的な時間から脱出しながら、その一方で、伝統的美意識のもつ普遍性に拮抗しうるような小説空間を作り出すということであった」と中世的無常観がここで効力を失っていることを指摘している。[15]あるいは、西鶴研究者の谷脇理史は、この物語は最初から「日常的な倫理や道徳とは無縁に生きることを許された主人公の設定によって定立させられる世界なのである」と述べ、「『一代男』の世界において世之介は、それが浮世の常識や倫理を超脱する存在としてあり続けることによって、いいかえれば、浮世の価値基準と対決することなく、浮世の反価値的とする生を生き続けうる存在として設定されることによって、浮世とそこに生きる人間をとらえなおす媒介としての役割を果たしているがごとくである」と論じているが、吉行が西鶴に見出した「モノを見る力」とはこうした時代が押し付けてくる倫理感を離れることで獲得できる、浮世を俯瞰した眼差しのことであろう。この眼差しを手に入れることで世之介は「日常的な倫理や道徳とは無縁に生きること」が可能になるわけだが、それはまた、それ以前の古典作品に見られた古い価値観の転倒を意味する。

例えば、『好色一代男』は、要所において、源氏物語をパロディ化していることが現在では通説となっている。吉行は、このことに関して「『源氏物語』が『あわれの文学』とすれば、『好色一代男』はそのパロディ風庶民版のおもむきがあり、『おかしの文学』といえる」といい、「やはり『一代男』の基調の大きなものの一つは、『笑し』すなわち『滑稽』と見てよいだろう」と「あわれ」を打ち消し、そこに「おかし」を対置した点に、井原西鶴の文学的特質を看取している。(16) つまり、西鶴の作品に見られる、「モノを見る力」、そしてそれによって現出するユーモアや笑いのセンスに、吉行は文学的な意義を認めているのである。

西鶴の笑いに関しては、廣末保の次のような考え方がある。廣末は、『一代男』に限らず西鶴の作品には笑いを狙った話が多くあり、その笑いは「一種無限定的なひろがり」をもっていると述べ、「読者は、その部分にもっとも西鶴文学の面白さを感じ、また西鶴の笑いの可能性を感じる。別言すれば、笑いのエネルギーと、その笑いの機能によって発見された好色物語そのものに新しい世界をみるのである。」と説く。(17) 吉行の先の反応もおそらく、このような考え方を背景にしているものだろう。

もう一点、吉行は『一代男』の読み方に関して、前半のストーリーは世之介の人格形成に深くかかわっていて、そこから世之介の内面的成長を読み取るのは難しくないと述べている。『一代男』のビルドゥングス・ロマン的性格の部分である。しかし、一方で「『一代男』を悪漢小説として読む角度」があると提案し、世之介は自身の好色遍歴のなかで幾度となく失敗をするが、「世之介の失敗はみんな愛嬌のある陽性のもので、陰気でない」とし、吉行はそこから「ビルドゥングス・ロマン＋ピカレスク・

ロマンとして『一代男』を読むこと」が可能だと主張する（以上、「訳者覚え書」より）。ビルドゥングス・ロマンとしての性格が持つ作品ののびやかな部分、ピカレスク・ロマンの持つ痛快さ。先に、『すれすれ』がビルドゥングス・ロマンとピカレスク・ロマンの両面によって描かれていることを指摘した。今度は、ここで吉行は『一代男』の読み方に、『すれすれ』で用いた技法を適応しているのだ。このことはおそらく偶然ではない。吉行は『すれすれ』でビルドゥングス・ロマンとピカレスク・ロマンを兼ね合わせる可能性を試した。その成功は、吉行をして、西鶴に接近させ、今度は読みの方法としてビルドゥングス・ロマンとピカレスク・ロマンの方面から『一代男』を読解する手がかりを与えたのである。

このようにして、『すれすれ』をきっかけに吉行は西鶴へと近づいた。吉行が西鶴に見出したのは、時代的な倫理観に縛られずに「モノを見る力」、ユーモアや笑いのセンス、そしてビルドゥングス・ロマン＋ピカレスク・ロマンという複合形式つまり、世之介の成長物語に、旅を通じて世之介が悪事を働くことを諧謔性、風刺性を込めて描くことの可能性だった。それが吉行自身の作品のなかでどれほど体現されたのかは、今は論じるだけの紙幅がない。だが、少なくとも、「日本への回帰」を忌避していた吉行が西鶴に文学者としての親和性を感じ、熱心に読み込んでいくなかで、私小説性や小市民性を評価されてきた自己の文学の、新たな側面を開拓しようと試みたことは事実だろう。その努力の結果として、数々の井原西鶴の現代語訳が刊行されることになったのである。

4　おわりに

吉行は『すれすれ』の角川文庫版（一九七四年二月）のあとがきに次のように記している。

この作品は、昭和三十四年に書いたもので、私のはじめての週刊誌小説である。当時としては、「天下の奇書」として呼んでもいいようなものだと自負していたが、今の時代ではそれほどではないだろう。ただ「奇書」の趣はかなり残っている。

「天下の奇書」とは、執筆時に、この小説が、既存の文学観からはみ出していたことを作者自身が自認した上で述べた贅言だろう。けれども、繰り返すが、吉行は『すれすれ』を通じて、自己の文学における新しい領野を拡げることに成功している。それは、父との対峙という吉行がこれまで忌避してきた、しかし、いつかはぶつからなければならなかった、大きな問題に取り組む端緒を掴めたからだ。もう一つは、西鶴との邂逅を遂げたことである。時代が押し付ける倫理観から逃れることで獲得する「モノを見る力」、卓越したユーモアと笑いのセンスといった西鶴の文学的特質に吉行は感応する。さらに、『好色一代男』を「ビルドゥングス・ロマン＋ピカレスク・ロマン」という複合的なスタイルを持つ作品として読むわけだが、それこそ吉行が『すれすれ』で試みた物語形式だったのである高度経済成長が育んでいった大衆社会のなかで、やがて文学は、純文学と大衆文学の真ん中にもう一つ、中間小説という曖昧な分野を生み出したことは最初に述べた。中間小説はいわばキメラ的な姿態をした得体の知れない文学であったため、当時の批評家たちからの評判はすこぶる悪かった。『すれすれ』に関しても、例えば、手塚富雄が一九六四年の「展望」復刊号で、「以前この人の『すれすれ』とかいう中間読み物を読む機会があって、私はあきれてしまった。書かれていることに対してよりも、いくら注文によるとはいえ、そういう書き方をすることのできる態度そのものにあきれてしまったのである。それは文筆商売の娼婦性を、実践によって同僚たちに見せしめたものであったかもしれない」と述べているように、決して好意的に広く受け入れられたわけではなかった(18)。

だが、これまで見てきたことを踏まえるならば、『すれすれ』を決して「文筆商売の娼婦性」によって書かれた作品と断ずることはできない。純文学から外れ、一度、中間小説の領域に足を踏み入れることで、そのキメラ化した姿態のなかから、自己の文学の新たな問題意識を育む。吉行が成し遂げたのはまさにそのようなことであったのだから。そこにこそ、中間小説という奇形なジャンルの小説が、あの時期、高度経済成長期に誕生していた意義がある。確かに、手塚の言うように、中間小説は、売文的な資本主義のなかで生まれた、雑誌ジャーナリズムへの媚びへつらい、「娼婦性」のようなものがあったかのように見える。しかし、そこでしか醸成し得ない、文学的な小さな組織片があったのである。吉行の場合は、それは一つには父との対峙であった。このあまりにも深刻な問題は、彼にとっては、純文学的な領域では成し得なかった。そのことを考えずに『すれすれ』という中間小説を、純文学者によるメディアへの媚びへつらいと見ることはできないのである。

(1) 高見順『昭和文学盛衰史(二)』(文藝春秋、一九五八年十一月)
(2) 瀬沼茂樹「中間小説」『日本近代文学大事典』(講談社、一九七七年十一月)
(3) 十返肇「中間小説とその背景」(「群像」一九五七年三月)
(4) 村松剛「中間小説論」(「文學界」一九五四年十二月)
(5) 座談会「文学と資質」(「文藝」一九六五年七月)
(6) 鈴木貞美「純文学と大衆文学　この悪しき因習」(「文學界」) なお、本稿で扱った吉行淳之介と同じく第三の新人に含まれる遠藤周作の中間小説に関しては『遠藤周作論　救いの位置』(双文社出版、二〇一二年十二月) に詳しい。また、本稿執筆に際して、上掲の遠藤論からは多くの示唆を受けた。
(7) 平野謙「私小説的精神の没落　今月の小説ベスト3」(「毎日新聞」一九六〇年九月二十八日)
(8) 河上徹太郎「文芸時評」(「読売新聞(夕刊)」一九六一年四月二十八日)
(9) 江藤淳「文芸時評(下)」(「朝日新聞」一九六一年三月二十三日)
(10) 川村二郎『感覚の鏡　吉行淳之介論』(講談社、一九七九年四月)
(11) 河野多恵子「〈吉行〉と〈淳之介〉」(解説『吉行淳之介全集6』、講談社、一九七一年八月)
(12) 竹野静雄『近代文学と西鶴』(新典社、一九八〇年五月)
(13) 久保田芳太郎「吉行淳之介と近世文学」(「国文学　解釈と鑑賞」一九七五年十月)
(14) 吉行淳之介「西鶴について」(「西鶴　大東急記念文庫公開講座講演録」、一九八〇年三月)
(15) 井原西鶴『新潮日本古典集成　好色一代男』(新潮社、一九八二年二月、一六頁)
(16) 廣末保『西鶴の小説　時空意識の転換をめぐって』(平凡社、一九八二年十一月)

(17)　吉行淳之介、「世之介とは何者」『文庫版　好色一代男』(中央公論新社、一九八四年九月)

(18)　廣末保『前近代の可能性』(影書房、一九九七年八月)

(19)　手塚富雄「性の文学を批評する　大江・吉行・石原諸氏の近作について」(「展望」一九六四年十月)

＊なお、『すれすれ』は『吉行淳之介エンタテイメント全集1』(角川書店、一九八〇年十一月)、その他吉行テクストは特に断りがない限り、講談社版『吉行淳之介全集』から引用した。

第6章　歴史の所在／動員されるホモエロティシズム
――大江健三郎「われらの時代」にみる戦争の痕跡

中谷いずみ

大江健三郎『われらの時代』一九五九年初版、中央公論社

はじめに

本論では、大江健三郎の長編小説「われらの時代」（一九五九年七月、中央公論社より刊行）を通して、一九六〇年前後における歴史の語りと性の表象について考えてみたい。六〇年安保闘争前後のメディア言説を丹念に調べた大井浩一は、闘争が社会総体の問題として広く顕在化したのは一九五九年一一月二七日に起きた国会「乱入」デモからであるとし、それ以前は「一般の日本人にとっては安保条約改訂そのものの意味合いが、まだ明確なイメージを伴うものにはなっていなかった」と指摘する。そしてその「安保前夜」の若者の苛立ちや焦燥を表した例として、大江健三郎や石原慎太郎など当時の若い世代の作家たちの主張をあげるのである。(1)

その若い世代の主張は、『三田文学』一九五九年一〇〜一一月に掲載された「シンポジウム　発言」（一九六〇年三月、同タイトルで河出書房新社より刊行）や、一九五九年一〇月の『文学界』に掲載された「怒れる若者たち・座談会」に見てとることができる。大江は「シンポジウム　発言」に寄せた「現実の停滞と文学」という文章を(2)「われわれは停滞している」という一文から始めている。保守政権が一般的な軽蔑の対象になっているにも関わらずあらゆる選挙で過半数を占めること、日本の外交的側面で外国が主導権を握っていること、日本の再軍備を非難しながらも軍事的に真空状態になった場合の日本がどうなるかについて説得的な答えを得られないことなどにふれて、こうした「社会的、政治的停滞が人間的停滞にいまやとってかわろうとしている」という。そして「いかなる若い日本人も、日本および日本人の未来にたいして明確なヴィジョンを持っていない[3]」状態の中で、「青春のエネルギーは出口を見失ったまま停滞のなかで生きつづけ」るのであり、文学はそうした「停滞のなかの人間をリアリスティックに描写しうるリアリズム」を獲得せねばならないのだと訴えるのである。

また、「怒れる若者たち・座談会」で大江は、戦中派を「戦時に回顧的」と見なし「なにか体のなかで被害体験を売つているようなものがある」と批判している。そして同席していた村上兵衛や橋川文三に対して、「戦争体験をまだとび越えてない」というが「それはとび越えてもしようがない」ものであり、ただ「インテリが自分を慰めている」にすぎないのではないかという。そのうえで「現実変革」の行き詰まりにふれ、「僕らがどんなに進歩的なことを書いても、殺されることのないインテリの欲求不満の独りごとみたいな感じだ」と述べるのである[4]。

当然のことながら、こうした発言には数多くの批判が寄せられた。その一例をあげるならば、佐々木基一は「現実にたいするトータル・ヴィジョン」がないことへの不満や苛立ちは世代を超えて共通のものであると述べたうえで、大江ら若い世代は「現代という時代にたいして、みずから責任を負おうとする気概にかけて」おり、「一種の責任転嫁の気配さえうかがわれる」と批判している[5]。本論で取り上げる小説「われらの時代」は、座談会等の大江の発言の延長線上で評価される傾向があり、平野謙が「概して不評だった」と述べている通り、作品を肯定的に受け止めた批評は多くなかった[6]。だが大井が指摘していたように、「われらの時代」は、安保前夜の若者が抱いていた閉塞感を描き出したテクストだったとも考えられるのである。

例えば、一九六五年の時点で橋川文三は、大江のいう「時代停滞」の内閉感や石原慎太郎の「生理礼拝」にふれて、「高度独占資本主義とマス化状況と人間の自動人形化《オートマトン》（エーリッヒ・フロム）とによって組成」された現代社会の「平和」が彼らにとっては不条理な「壁」となり、「強烈な自意識の解体化」をもたらしていると分析する。そのうえで、そこからくる「閉塞感覚」は「幾つかの学生調査からもかなり明瞭にうかがいとることができる」と述べている。(7) また近年においては坪内祐三が、大江と同時期に東大仏文科に在籍していた仏文学者海老坂武や小中陽太郎の言葉を参照しながら、大江のテクストは革命運動挫折後の学生たちの空気を描き出したものだったと指摘している。坪内は、海老坂が自著で「私たちは彼の小説に登場する若者たちと同じように、小動物のように不安で、閉塞感に捕らわれていた」、「彼らの持つ孤立感、無力感を自分のうちに抱え」「彼らをさいなむ暗い欲望を身のうちに感じ」、「彼らの不決断は私たちの不決断だった」と述べていることや、小中の自伝中に、のちに柴田翔が『されどわれらが日々』（文藝春秋、一九六四年）に書くこととなる時代の「状況を大江健三郎はよく捉えていた」とあることにふれて、当時の状況を的確に捉えた作品として「われらの時代」を取上げている。(8) これらの指摘を踏まえるならば、不評だった「われらの時代」は、安保前夜における若者たちの感覚を描き込んだ作品だったといえるだろう。

だが、「われらの時代」が当時の若者の感覚を映し出した作品だったとすれば、そこに描き込まれた「戦時」や「戦争」へのまなざしをどのように理解すればよいのだろうか。「われらの時代」の冒頭で、主人公の一人である靖男は次のように語っている。

希望、それはわれわれ日本の若い青年にとって、抽象的な一つの言葉でしかありえない。おれがほんの子供だったころ、戦争がおこなわれていた。あの英雄的な戦いの時代に、若者は希望をもち、希望を眼や唇にみなぎらせていた。それは確かなことだ。ある若者は、戦いに勝ちぬくという希望を、ある若者は戦いがおわり静かな研究室へ陽やけして逞しい肩をうなだれておずおずと帰ってゆくことへの希望を。希望とは、死ぬか生きるかの荒あらしい戦いの場にいるものの言葉だ。そしておなじ時代の人間相互のあいだにうまれる友情、それもまた戦いの時代のものだ。今やおれたちのまわりには不信と疑惑、傲慢と侮蔑しかない。平和な時代、それは不信の時代、孤独な人間がたがいに侮蔑しあう時代だ。（一）

こうした点を捉えて大西巨人は、「青年のエネルギー、その情熱のあり得べき唯一の発動方向が、戦争・ファシズムの幻想へと逸らされて措定されている」と批判した。[9] また、針生一郎は「怒れる若者たち・座談会」の発言にふれて「戦争責任論や戦後意識につきまとうている体験と心情の絶対化が、かれらをここまで追いやった」としたうえで、大江の「われらの時代」や石原の作品などは戦中派よりも「回顧的」でないといえるか、またかれらの「現在」への「執着」は「自己の被害感覚への固執を意味するものでないかどうか」と問うている。[10] さらに前述の橋川文三は、「戦争」があって「戦後」があるという「自明の事実」に対して、大江らが「奇妙というほかはないような断絶感によってしか反応を示さない」ことを指摘し、問題は「歴史意識」ないし「歴史責任」の次元で提出されているにも関わらず、それを「心理もしくは、実感のカテゴリイでしか受取」っていないと批判している[11](傍点原文ママ)。この橋川の指摘は、「われらの時代」における歴史表象を捉えるうえで、極めて有効なものといえよう。もし「われらの時代」が当時の若者の状況を描いていたとすれば、そこに垣間見える歴史の「断絶感」こそ、戦後における歴史認識の問題を映し出していると考えられるのではないか。

本論では、「われらの時代」が革命運動後の挫折という若者の「閉塞感」を背景に「戦争」と「戦後」の「奇妙というほかはないような断絶感」をもつ「現代日本の青年」たちと、歴史を「断絶」し得ない在日朝鮮人とを描いていることに着目し、それらの配置とホモエロティックな表象が果たす機能について考察することとしたい。「われらの時代」には多数の性的比喩や描写が散りばめられており、また大江自身が同時期のエッセイの中で「現代日本の青年一般をおかしている停滞をえがきだしたい」として「政治的人間」と「性的人間」の定義をしていることなどから[12]、それらを踏まえて論じられてきた。だが、例えばキース・ヴィンセントは、「性的人間は他者を欠いている」という大江の定義自体が異性間の差異のみを前提とする「ジェンダー化された二者関係《ダイアッド》にもとづく」ものであり、異性愛的欲望の不在が「暗黙裡に同性愛的なものとしてコード化された女性化の作用と結びつけられる」ために、「政治的人間」から「性的人間」への「堕落」も「女性化の暗喩」で示されると分析する。さらに「他者の存在を認識しようとしない者としての性的人間というその病理化」による大江の右翼批判と「全体主義ファシズムに対するアドルノの精神分析的診断」との類似をあげたうえで、「われらの時代」における「ゲイの欲望のホモソーシャルな、あるいはホモフォビックな配置」を見出すのである。[13]本論では、キース・ヴィンセントの分析を踏まえつつ、まず「われらの時代」をホモソーシャルな世界への参入と失敗を描いたテクストとして読むこととする。そのうえで、テクストにおいて「戦前」「戦時」といった〈過去〉との時間的断絶／接続が表象されるとき、ホモフォビックに配置されたゲイの欲望がどのように動員されるのかに着目したい。比喩化された性は、歴史ないし戦争の語りにどのように動員されたのか。性をめぐる表象に注目することで、一九六〇年前後の歴史認識のありようを探ってみたい。なお、「われらの時代」の本文は『大江健三郎全作品2』（新潮社、一九六六年）に拠る。

1　「停滞」する世界の表象

長編小説「われらの時代」は書下ろしとして、一九五九年七月に中央公論社より刊行された。そこには、「明確なヴィジョン」をもたず「停滞のなかで生きつづける」若者の姿が描かれている。例えば主人公の一人で、仏文科の学生である靖男にとって「《自由》とは、情人が出ていったあとのあたたかいベッドに裸でよこたわって感じる良い気分のこと」である。自分は「悲劇的なものの一切からさえぎられた楽園で生ごろしされている一匹の若い生きもの、みだらでぶよぶよした厭らしいなにか」であると感じる靖男は（一）、弟の滋に「若い日本の人間には、未来などはない」「元気をふるいおこしてとりかかる仕事、未来につながっている仕事がない」と語り、それは「未来にむかって矢印のむいているヴェクトルが現代の日本の若い人間の精神にふくまれていないということ」だと説明する。そして「なにを執行されるかわから」ず「執行は他人まかせ」のままに、「現代の若い日本人は猶予の時間をすごしている」と嘆くのである（三）。このように靖男は、「未来」をあらかじめ奪われ、「停滞」する世界で不満を抱きながら生きる若者として描かれている。

ここでまず確認しておきたいのは、「われらの時代」において、この「停滞」する世界がしばしば嫌悪すべき女のイメージで表象されるという点である。例えば、靖男の内面に焦点化した語りは、「猶予」を「なにひとつ新しい行為、希望につらなる行動を禁じられて孤独に膝をかかえて坐りこんでいる状態」と説明するのだが、それは「おれが頼子の性器の匂いのこびりついた体で、げんに今やっている状態のこと」だという（三）。絶望しながらも、靖男は日々、頼子との性交に耽るのだが、その場面は次のように描写されている。

そして彼が腰をふりたて尻をびくびくさせ陰嚢を頼子の腿の熱い内側へぺたぺたうちつけながら考えたことは、やはり戦争のことであり《宏大な共生感》であり、結局かれの日常に欠けているものすべてについてであった。射精のときかれは戦火のなかを突撃する兵士のように死ものぐるいの呻き声をあげ、尻をびくんとひとふりした。（一）

「戦争」や「《宏大な共生感》」からかけ離れたところにいる靖男の性交は、「ぺたぺた」という擬音や、射精の際の「兵士のように死ものぐるいの呻き声」といった大仰な記述によって滑稽に描写される。また、靖男より年上で外国人相手の娼婦を十年も続けてきた頼子の身体は「信じられないほど広大無辺な背」や「腰のまわりのたるんでいる肉のひだひだ、ゆったりおちついている尻」、「椅子と彼女自身の重みに圧迫されておかしなむきにもりあがった尻の二つの肉塊のあいだ」など、脂肪の重なりやたるみといった緩みが強調される（二）。そんな頼子との性行為の後、ベッドの上で靖男は次のように考える。

おれたちは戦って死ぬことのできる英雄的な時代、若い人間の時代に生きているのではないのだ。色ごのみの老いぼれを養成するための世の中に生きている。この硬く若わかしい筋肉、それは無意味だ。このなめらかに張りきった皮膚、熱く豊かな血、それもインポテンツの男の性器のように無意味で滑稽なかざり、花かざりにすぎない。（二）

「戦って死ぬことのできる英雄的な時代」に生きられない靖男は、自らの「硬く若わかしい筋肉」や「張りきった皮膚」、「熱く豊かな血」を「インポテンツの男の性器のように無意味」だと考える。彼の若々しい肉体やエネルギーは、向かうべき先を失ったまま、頼子との性交に浪費されるばかりなのである。そんな靖男は、外にいる時も「頼子の性器のねっとりした触感や酸っぱく濃厚な匂い」といった「頼子との性交渉の汚辱にまみれたイメージ」に囚われることがあり、彼はそれを自身の肉体が「頼子の性器の陰湿な毒、それにおかされている」からと考える。そして「頼子の性器からの脱出をはからねばならない」と思うのである（八）。つまり頼子とは、その脂肪の描写や女性器のイメージによって「停滞」する世界を象徴し、靖男をその世界に引きずり込むような人物として配置されているのである。

頼子が象徴する「停滞」の世界に沈み込んでいる靖男にとって、「頼子の性器からの脱出」とは、即ち「衰弱」や「消耗」からの回復を意味する。例えばのちに渡仏が決まった彼は、「衰弱し消耗」した状態から「回復しなければならない」と考えるようになるのだが（八）、この靖男の言葉を捉えて坪内祐三は、「消耗」とは「六全共による「消耗」のことだろう」と指摘している。[14]「六全協」とは一九五五年に開かれた日本共産党第六回全国協議会を指し、そこで日本共産党は一九五〇年以来の分裂状態を解消するとともに、山村工作隊などそれまでの武装闘争方針を自己批判した。坪内は、これによって「自己喪失」した学生党員たちが「消耗した」という言葉を用いていたことを指摘し、靖男の言葉もそれを表すものだろうと述べている。仏政府当局と保守派の出版社が行ったコンクールに当選して渡仏が決まった靖男は、仏政府に抵抗するＦＬＮ（アルジェリア民族解放戦線）の「アラブ人」に出会い、「連帯」か「敵に奉仕」するかを選ぶよう迫られ、「本能的な自己保存の気持」で耳を閉じようとする。その際、その行為は「入党の勧告をうけた時に、自治会の委員に押されそうになった時に、基地拡張反対のデモで一分隊の責任者にされそうだった時」に「獣のように沈黙し身をすくめ頭上をあれ狂う嵐をやりすごした」ことと同じと説明されており（八）、このことから、靖男が「入党の勧告」や「自治会の委員に押され」るほど運動に関わっていたことや、それらの声がかかっても沈黙することでやり過ごしていたことが分かる。

先にもふれた、六〇年安保闘前後のメディア言説を調査した大井浩一は、大江ら若い世代が主張する「停滞した現実」の要因の一つに、革新政党への幻滅があったと指摘している。特に六全協での方針転換によって、「命がけ」で「武装闘争」に励んでいた若い共産党員たちは梯子を外されたかたちとなり、またその後の学生運動に対する共産党の指導がレクリエーション活動に傾いたことから、その幻滅は大きかったという。そしてこうした閉塞感が「安保前夜」を支配していたと指摘するのである[15]。靖男が運動に関わっていたことを思わせる箇所は前述を除いて殆どなく、全貌や詳細も分からないが、革命運動挫折後の「消耗」が黙説法的に書き込まれていた可能性は高いといえるだろう。松原新一は靖男の「戦後、死は遠ざかった」という言葉にふれて次のように述べている[16]。

戦後、「死の象徴」のありかは、「天皇」から「革命」の思想に大きく転換されたはずであった。だが、この転換は、わが国の政治的風土にも精神的風土にも、ついに根をおろさず、短い時間のうちについえ去った徒花のようなものにすぎなかった。人を行動をつうじて栄光の「死」にいざなうメタフィジカルな価値の象徴は、空無と帰したまま、新しい確固たる価値の回復と創造の見通しは全く暗い。

つまり「われらの時代」は、戦時の「天皇」制権力体制崩壊や組織活動による「革命」運動の挫折を経て、「メタフィジカルな価値」を持てなくなった若者の閉塞感を描いたテクストだと、ひとまずはいえるのである。

2　ホモソーシャル／ホモセクシュアルな欲望

「メタフィジカルな価値」が存在する世界とは、頼子が象徴する「女陰的世界」の対極にあるものである。論文が入賞し、渡仏できると知った靖男は、それを頼子との「薔薇いろのぐにゃぐにゃした女陰的世界」から「硬くひきしまってすがすがし」い「西欧」への脱出と考える(四)。前章でもふれた通り、彼がはまり込んでいる「停滞」の世界は、緩みを表す「ぐにゃぐにゃ」や「女陰」といった頼子のイメージに重なる言葉で表現されるのだが、その対極にある世界は「硬くひきしまっ」たものとして語られる。特に、仏行きが決まった靖男が出会うFLNの「アラブ人」は、男性的世界の象徴でもある。靖男がプールで「アラブ人」を眺める場面は次のように描かれている。

そして靖男の眼は、女陰的な世界とはまったく無縁の、すばらしく徹底して男性的な人間が男らしい、じつに男らしい方法で自己を誇示するのを見たのである。[…] かれの油質のつやをおびて輝やく鉄色の皮膚と緊張しきったロオプのような筋肉は衝撃的だった。かれの体のまわりに、不意にアフリカ的なすべてが蟻集してきたようだった。かれの体は背後に煌々とした青空をになって凝固した血のかたまりのように黒く重くるしい。靖男は胸をふるわせ嘆息した。アラブ人の胸腔が突然ふくれあがる、上体が屈む、そしてあたかも靖男に猛禽のようにおそいかかる勢いで、アラブ人は跳び出してきた。アラブ人の頭は正確に靖男にむかっていた。靖男は眼をつむり体をこわばらせた。水音がひびき水しぶきが冷たく頬にふれ、戦慄が靖男の頭から足指までをつらぬきとおした。脱出、男らしい脱出、それを行わなければならない！　おれは衰弱し消耗している、しかし衰弱しても消耗してもいない男がいるのだ、おれは回復しなければならない。（八）

頼子のイメージとは対称的に、「アラブ人」は「輝やく鉄色の皮膚」や「緊張しきったロープのような筋肉」といった引き締まったイメージを担う人物である。彼は「衰弱しても消耗してもいない」、「女陰的な世界とはまったく無縁」な「徹底して男性的」な世界の住人であり、彼の肉体に刺激された靖男は、「男らしい脱出」を行うべく「衰弱」や「消耗」からの回復を決意するのである。また、テクストにおいて固有名を付されないこの「アラブ人」は、エジプト革命後に英・仏・イスラエルを敵にまわし、スエズ戦争で外交的勝利を得た「ナセル」大統領と結びつけられる。靖男は「すべてのアラブ人がナセルを象徴として背後に背負っている」と考え、「精力的、強靭、意志、欲望、昂揚」などのイメージにまみれた「ナセル」に夢中になっていた時のことを思い出す。バンドン会議や国民投票で勝って共和国憲法を成立させた時、ユーゴを訪問した時など、ナセルの写真をスクラップし、義勇兵募集に応募しようとまで思っていた靖男は、その募集がデマだとわかったときに「ナセル的理想像を見うしなってしまった」のだと語る。「おれは日本人で、天皇という象徴、いかにも消耗や衰弱の象徴らしいあの男をいただいている」と考える靖男にとって、「アラブ人」は「ナセル」に連なる「男性的」世界の象徴なのである（八）。その「アラブ人」は、靖男が当選した論文コンクールの主催が仏国の反動的な出版社であり、またアルジェリアで弾圧政策を強行している仏政府であることを告げ、自分たちと「連帯するか、敵に奉仕するか」選ぶしかないと迫る。即座に断ったものの「アラブ人」の説得的な話に困惑を覚えた靖男は、その夜、妊娠した頼子が無理心中をはかったことで「生きることを選ぶ」決意をし（一一）、「アラブ人」との連帯を受け入れる（一二）。だがのちに、ＦＬＮの「アラブ人」との繋がりが露見した彼は渡仏を諦め、自殺願望を抱き続けるというところでテクストは終わりを告げることになる（一五）。

靖男にとって「アラブ人」との「連帯」は、「恥辱の底から這いあが」り「行動する青年として再び青春を始めようと」することであり（一二）、それは頼子が象徴する「停滞」した「女陰的世界」から「アラブ人」やその同胞たちによるホモソーシャルな世界へと「脱出」することにほかならない。興味深いのは、このホモソーシャルな世界を象徴する「アラブ人」がホモエロティックに表象されていた点である。先の引用に見られたように、青空を背にした彼の体を見た靖男は「胸をふるわせ嘆息し」、彼がおそいかかる勢いで水面から飛び出してきた際には「体をこわばらせ」、そして冷たい水しぶきに「頭から足指までをつらぬきとお」す「戦慄」を覚える。ここで靖男は「男らしい脱出」へと気持ちを高ぶらせるのだが、これは「アラブ人」から「連帯」か否かを迫られる前のことである。つまり彼のホモソーシャルな世界への憧れは、ホモエロティックなイメージを媒介するかたちで語られるのである。これは大江の小説にしばしば見られる手法なのだが、「われらの時代」においては、ホモソーシャル／ホモセクシュアルな欲望を抱くもう一人の人物と比べた時に、興味深い問題が見えてくる。

そのもう一人の人物とは、ジャズ・トリオ《不幸な若者たち《アンラッキー・ヤングメン》》の一員であり、在日朝鮮人である高征黒である。《不幸な若者たち《アンラッキー・ヤングメン》》は、靖男の弟である滋、その友人である康二、高の三人からなるジャズ・トリオで、その名が当時英国で旧世代や従来の社会体制、階級社会への反発等を描いた若い作家たちの呼称「怒れる若者たち」（Angry Young Men）をもじったものであることは明白だろう。靖男のいう「猶予の期間」を「ぼくは楽しむんだ」という滋は、大型トラックを手に入れて康二や高とともに走り回る夢を抱いている（三）。彼ら三人は、トラックという大型の「貨物自動車にむかって大いなる勃起をおこしていた」のだが（五）、ある日、「天皇」の映画見物とそれを迎える右翼の集まりに行きあわせ、雇われてその隊列に参加する。「猛々しい牡の襲来を待ちのぞ」む「発情した牝」のように演説する初老の男の「天皇陛下こそ日本国民の尊き独裁者である」などの言葉に面白さを感じた彼らは、「勃起させる独裁者」をもとめて声をあげるのだが、「黒ぬりの凄い上等の外国製自動車が行く、そのなかに白っぽい温和な紳士の顔」を見て「がっかり」する。つまり「天皇」が「勃起させる独裁者」ではなく「白っぽい温和な紳士の顔」であったことに落胆し、「《天皇》に由来する一種の憂鬱症にかかりそう」になるのである（五）。

だからこそ彼らは、あの「《静かなる男》をびっくりさせ」るために、天皇の車の前で手榴弾を爆発させるという「勃起させる」計画を思いつく（五）。だが、いざ実行の際に、トイレの汚物入れに隠した手榴弾の上にかぶさった、月経の血にまみれた汚物を見た康二が嘔吐したために不首尾に終わる（七）。靖男が頼子の「女陰的世界」につなぎ留められていたように、彼らを「勃起させる」計画は、やはり「女」によって妨げられてしまうのである。計画が失敗した後、滋は「おれたちは天皇に、あのこぢんまりした男にすっかりいかれてしまった」、「心の隅ずみまでインポテントな、正真正銘の天皇の子だ」と屈辱を感じる。そして在日朝鮮人である高が「この天皇の子の日本人め」と自分と康二を侮蔑しているかのように感じ、「もう決して友情の環を回復することができないだろう」状態に陥るのである（九）。

だが、この時の高の内面は、滋が想像するようなものではなかった。彼は「苦しみ恥じいっている二人の日本人の少年を見たくない」ために、また見張りをしていた時に感じていた「極度の恐怖の残り滓が眼の底によどんでいるのを見られて軽蔑されたくない」ために、眼をつむっていたのである（九）。高が見張りをしている場面は、次のように語られている。

《ああ、もし天皇が爆死したら！》かれは新しい恐怖におののく。今、歩道にたたずんでいる群集は怒りに眼をむいて逆上しきって、かれをとらえにおしよせてくるだろう。かれは虐殺されるだろう。［…］《しかしおれは虐殺されることよりも、天皇自体がおそろしいのだ、天皇を爆死させること、それはこの大地を破壊しさることのように、歴史がすべて暗い虚無に沈んでしまうようにおそろしい。それは地球が消滅して、方向も時間もない宇宙におれが一つの粒子としてただよいはじめるようなおそろしさだ。それは死よりもおそろしい。おれを屋上の見張りに追いやり、ゲームからおれを排除したあいつら、あいつら日本人の少年たちよりも、朝鮮人のおれに天皇のおそろしさは骨身にしみているのだ。（七）

「日本人の市民の手」で「祖父母」を虐殺されたという高は、もし間違えて「天皇」が爆死したら「虐殺される」のではないかと恐怖におののく。しかし彼はその「虐殺される」恐怖よりも「天皇自体がおそろしい」という（七）。彼にとって天皇の爆死とは、「歴史がすべて暗い虚無に沈んでしまうよう」な、「地球が消滅して、方向も時間もない宇宙におれが一つの粒子としてただよいはじめるようなおそろしさ」を感じさせるものである。つまり日本の植民地支配の痕跡をその身体に刻みつけている高にとって、「天皇」は、今も侵すべからざる畏怖の対象としてあり続けているのである。そんな彼が「天皇」のみならず、朝鮮戦争で共に従軍していた「米兵」たちの記憶をも身体に刻印していることが、その後の展開で明らかになる。

手榴弾計画の失敗で三人それぞれが「孤独」と「卑劣さ」を感じていた時、高は朝鮮戦争で一緒だった米兵のジミーと再会し、性的関係をもつ。ホテルの部屋で性交した後、ジミーは「たるんでさがっている腹には我慢できない」が自分も「今や、そうなろうとしている」といい、それを聞いた高は「むしろ逞しくなっているよ」と答える。「高よ、おまえも、五百人の朝鮮女を強姦できるくらいの勇ましさだぜ」と返すジミーに再び欲望を感じた高は、シャワーを浴びながら壁の複製画の中の死に瀕した兵士に目を留める（一一）。高に内的焦点化した語りは次のように述べる。

> 今や、ぐっさりつきこまれた短剣は射精しおわった瞬間の性器であり、泡だち流れる真紅の血は高められた精液だ。殺されようとしている若い兵士の腹部、胸板から下腹部にいたる幾重にもくりかえされるくぼみと高まりの緊張した連続は、気が遠くなるほどの衝撃を高にあたえる。朝鮮戦線で、不恰好な軍服を着たアメリカの若者のほとんどすべてがこの見事な腹をもっていたのであり、殺戮された朝鮮人たちは栄養失調で青黒く脹れあがった汚ない腹を白日のもとにさらしたのだ。おれは、あの汚ない腹の朝鮮人の同胞ではない、おれは倒錯した性愛をつうじて朝鮮人でも東洋人でもない存在に変ったのだ、おれは超越者だ！
>
> 　高は、涙と微笑とにゆがんだ頭をうなだれて奴隷のように膝まずいて、その瀕死の若者の圧倒的な腹部と香ぐわしい男根に頬と唇をふれている自分を夢みた。（傍点原文ママ）（一一）

ジミーとの性的関係を通じて「青黒く脹れあがった汚ない腹」をさらす「朝鮮人」でも「東洋人」でもない「超越者」になったと高揚する高は、「見事な腹」をもつジミーや複製画の兵士たちの世界に参入し得る者として自らを定位する。ここで注目すべきは、靖男の語りに見られた、緊張感のある身体／緩んだ身体、ホモエロティックに表象されるホモソーシャルな世界／「停滞」の象徴として表象される女陰的世界という二項対立が、米兵／朝鮮人という構図に重ねられている点である。「白人」としか寝ないという高にとって「同性愛は、名誉回復の儀式」、即ち「民族的な序列を一挙にひっくりかえし挽回するための息苦しい儀式」であると語られる（七）。「天皇」への畏怖を身体に刻み付けた高は、「米国」の白人兵士との性行為を通じて、自らを劣位に置く諸々の序列的関係を転覆するのである。だがその後、「トラック」を買う金を出してほしいという高に激怒したジミーは、高を「すぐに代償を欲しがる恥しらずの淫売だ」「東洋人の乞食の淫売だ」となじり、「おれが朝鮮女を強姦したといっても」「にやにやしている」が「おまえのお袋を強姦したのかもしれないじゃないか」「金のためなら妹だって強姦させる豚野郎だ」と批難する。彼に侮辱されたことで、自分が「同胞を虐殺する外国兵の暴力にうむをいわせず鶏姦される幼い男娼」であったことを思い出した高は、「朝鮮人のゲリラがやる残酷で執拗な手で」ジミーの喉を押しつぶし、殺してしまう。ホテルのフロントの前を震えずに歩きぬけた彼は「五百人の男に強姦された女のように」疲れきった状態で滋や康二のもとへ急ぐ。「五百人の朝鮮女を強姦」できるような逞しさをもっていたはずの彼は、序列的関係を転覆しようとした報いを受けたかのように、「五百人の男に強姦された女」の状態でホテルを去るのである（一一）。

キース・ヴィンセントは、高が「ジミーと一緒に恍惚となっている瞬間、高は戦後のアメリカ帝国によってだまされ、一瞬、異国民間の協同《コープティション》に従事」したと捉えたうえで、それは「日本の天皇という戦前の形象によって彼がそうさせられたのとまったく同じこと」であると指摘する。そしてジミーからの侮蔑によって「取り返しのつかないほど女性化され人種化され」た彼は、その「超越的なホモソーシャル連続体」に加わる資格を剥奪されたとして、テクストにおける「ゲイの欲望のホモソーシャルな、あるいはホモフォビックな配置」を見る[17]。エロティックな修辞によって表象されるホモソーシャルな世界は、ホモセクシュアルな欲望を呼び寄せつつそれを排除すると同時に、人種的民族的超越の幻想とその破壊によって、彼を危機に陥れるのである。

このように見ていくと、靖男と高は、どちらもホモエロティックに表象されたホモソーシャルな世界への参入を求めて挫折するという点で共通しているといえよう。しかしこの二人の挫折を同様に扱ってよいのだろうか。実は、両者に関する語りの時間的射程を丁寧に追うと、「戦争」の歴史を背負わされたのは誰なのかという、極めて「戦後」的な問題が浮かび上がってくるのである。

3　歴史の免責と暴力の傷痕

靖男によるホモソーシャルな世界への参入の失敗は、ジミーを殺害した高と康二が手榴弾による度胸だめしで死んだ事件に関わって、弟の滋が救いを求めてきたことが原因である。滋を助けようとした靖男は「アラブ人」と行動を共にしていたことがばれ、仏大使館員から反政府的な彼に協力しないと約束するよう説かれる。だが「アラブ人」との連帯を優先した靖男は「non」と答え、結果的に「女陰的世界」からの脱出に失敗してしまうのである（一四）。そのことを知った「アラブ人」が「友情に感動していた」と耳にした靖男は、自分たちの関係が「連帯」ではなく「友情」になってしまったことにむなしさを感じるのだが（一五）、しかし一時的ではあれ、彼が「アラブ人」との間に連帯的関係を築いたことに代わりはない。それは、宗主国に抵抗する被植民者との連帯であり、西洋世界に対抗する側につくという点でも、「英雄的」行為を求める彼を満足させるものだったろう。また、靖男にとってそのホモソーシャルな世界への参入は、彼のアイデンティティを脅かすものではなかった。大江がエッセイで述べているように、アルジェリアの問題について「日本人」は「どんな責任もおっていない」ために安全な立ち位置を確保できるのであり[18]、アルジェリアの「アラブ人」との絆の成立／不成立が彼のアイデンティティを揺さぶることはないのである。一方、高にとってホモソーシャルな世界への参入とその失敗は、アイデンティティに深く関わるものである。ホモセクシュアルな欲望が媒介する白人男性との絆は、一見成立したかのようだったが、しかしそれは幻に過ぎなかった。民族的序列の転覆を伴う男同士の絆という幻想の崩壊は、彼のアイデンティティを切り裂いてしまうのである。

　こうしてテクストは、他の「日本人」の作中人物たちには関わりがないかのように、歴史的暴力の痕跡のすべてを高に背負わせる。次の高の語りは、それを端的に表している。

　仲間たちが、おれをおかまだと知ったら、おれはかれらからたちまち見棄てられるだろう、仲間たちは、おれの同性愛の儀式としての意味を知らない、理解しようとさえしないだろう。あいつたちは、生れてから今まで、真の屈辱を味わったことがない、天使的な子供だ、そしておれは、東洋人のなかの最も汚ならしい民族の、屈辱になれっこになった民族の落し子ときている！（傍点原文マ

マ）（七）

ホモフォビックな志向をもつこのテクストにおいてスティグマ化された高は、自らを「東洋人のなかの最も汚ならしい民族の、屈辱になれっこになった民族の落し子」と位置づける。その際、滋や康二ら「日本人」の青年は「生れてから今まで、真の屈辱を味わったことがない、天使的な子供」として語られるのである。この両者の非対称性は、作中人物たちを描く際の時間的射程に関わるものであろう。例えばテクストにおいて、靖男や頼子、滋や康二らの過去が語られることは殆どない。高と年齢的に近いはずの靖男の過去も殆ど語られず、学生運動との関わりを匂わせる記述以外に、彼が頼子との性生活に耽るまで何を経験してきたか語られることはない。むしろ語られないことで革命運動の挫折がトラウマ的に表象されているともいえるのだが、いずれにせよ、彼の歴史の起点は学生運動ということになるだろう。一方、高の歴史の起点が「戦時」に置かれ、子ども時代の「天皇」にまつわる思い出から始まっていたことを思い返すならば、両者は時間的射程において非対称な構図を成しているといえるのである。つまり靖男らは、高とは異なり、「停滞」する〈現在〉以外の時間を削ぎ落し得るような、〈過去〉からも〈未来〉からも切断された時間を生きることのできる存在として、テクストに登場するのである。

このような、断片化された時間の意味を隠喩的に表すようなエピソードが物語中に見られる。それは靖男の幼児期の最初の思考の記憶として不意に語られる、亡き父との会話である。幼い靖男が「樹はなぜまっすぐ空へむかってのびるの、地面をはいずりまわってのびることはできないの？」と問うた際、父は「それじゃあ、ぼうや、収集不可能だよ！」とこたえたというもので、靖男に焦点化した語りは「収集不可能」という言葉は後年の翻訳であろうと断りつつ、その時はじめて「この世界が収集可能という幻影のうえに建てられている城だということ」を知ったと語る（四）。この会話は、航空隊の将校だった父が南方へ出撃するための別れの場面で交わされたもので、その後父は行方不明になったという。つまり「収集可能」な世界に生きる父の〈未来〉には「南方への出撃」という命を賭ける行為があり、そこから遡って〈現在〉や〈過去〉を物語的＝歴史的に整序することができるのだが、〈未来〉を奪われ「停滞」する〈現在〉に生きつづける靖男にとって、時間は物語的＝歴史的に整序できない「収集不可能」なものに外ならない。「停滞」する世界の住人たちが過ごす「執行」までの「猶予」の時間は、断片化されているがゆえに、整序し得ないものなのである。

〈未来〉や〈過去〉から切断された〈現在〉のみに生きる靖男たちとは反対に、「在日朝鮮人」である高は〈過去〉から語り起こされる。再現的描写はなく叙述的な記述ばかりだが、しかし彼の具体的な経歴はテクストに明示されている。戦時中、彼の一家は山村の町工場に住み込んでおり、彼自身「日本陸軍の兵士になり天皇陛下のために死ぬことになるのを疑わな」い少年だった。両親ともに朝鮮人だったが《故国》を知らなかった彼は、朝鮮戦争時に兵隊の友達の世話でキャンプのクラブで働くようになり、雑役夫の資格で兵隊たちと一緒に朝鮮へ渡る。《故国》の土に胸が震えたが、地獄のような戦争と不愉快な生活、汚辱にみちたふるまいも強いられ、彼と親しかった兵隊の友人は気が狂い、木にぶら下がってしまう。天涯孤独で行き場のない自分を発見した高は、死にものぐるいで隊を離れ、また非合法に日本へ戻ってくるのだが、その際「朝鮮、《故国》、そこでの戦争、過度の労働と暴力と恐怖、不潔、憎悪と死、それらはかれの少年期と一緒に深い忘却の淵のなかへまっさかさまに落ちこんで行った」という(二)。つまり高は、自身の記憶から消し去ったものも含め、〈過去〉の歴史や「戦争」の暴力をその身に刻んだ人物なのである。

一方〈過去〉が語られない靖男や滋らは、まるで歴史とは無縁であるかのように描かれる。《不幸な若者たち《アンラッキー・ヤングメン》》の三人が右翼に雇われて隊列に参加した際、高は「おれは天皇にまいっていた」といい、「人間宣言したときには食欲をなくしたよ」と話すのだが、滋は「おぼえてないよ、きっと朝鮮人の学校だけ教えたんじゃないか?」と答える。また金を払った右翼を指して「あのやろう、おれが朝鮮人だと知ったらなあ、おれに金をはらうかわりに唾をかけたぜ」といっぱいくわせたことを喜ぶ高に、「なぜ唾を、おまえになぜ唾をかけるんだ」「え? おまえ、あいつは右翼だぜ」と分かっていない反応を示したり、三人の中で「《日本人の国歌》」を歌えるのは高だけで「日本人の二人はその旋律をおぼえてさえもいなかった」りする(五)。つまり歴史と切断された〈現在〉を生きる「若い日本人」たちは、高が今でも背負っている「大日本帝国」の暴力の歴史とは無縁の存在、即ち歴史を免責された存在として描かれているのである。なお、滋と康二は一六歳、高は二〇歳と、年齢差が設定されているが、大学生である靖男や中年の頼子にも〈過去〉が付されていないことを踏まえれば、その非対称性は明らかだろう。

このような、テクストに見られる歴史の切断は、大江の認識が反映されたものとも考えられる。先にも述べたように、大江は「怒れる若者たち・座談会」（前掲）で、「戦中派」を「戦時」に「回顧的」と見なし、また「戦争文学には一種の回顧趣味のようなもの、なにか体のなかで被害体験を売っているようなもの」があるとして、「将来の戦争をどうしようという前進的な意味」があるわけではないと批判していた。「われらの時代」に見られる〈過去〉を切断された「若い日本人」の造形が、この大江の見解に支えられたものであることはいうまでもないだろう。だが、高のようにアイデンティティを含む彼の〈現在〉が「戦前」「戦時」、そして朝鮮戦争という「戦後」の「戦争」と切り離し得ない場合があることを踏まえるならば、「戦時」へのまなざしを「回顧」と見なせること自体、あるいは〈現在〉を〈過去〉から切断して捉えられること自体に、既に特権性が潜んでいるといえるのではないか。

「われらの時代」における時間の断絶が当時の大江の見解に重なるものであるとすれば、切断し得ない歴史を背負う高という人物は、テクストの論理が偶然に生み出した〈他者〉であるといえるのかもしれない。高の造形について、高と康二の爆死を告げる新聞記事の見出しに付された「戦後派少年」という言葉に注目する北山敏秀は、「朝鮮人」である高にそのラベルを付すことで彼の物語を無効化するマス・メディアの暴力性を指摘したうえで、「日本人」の枠を相対化する「他者」として高を描き得たとして評価している。(19) 北山が指摘するように、確かに高は「他者」としてテクストに立ち現れていたといえよう。だがそれは「日本人」の枠を相対化するというよりも、歴史から切断して語られる「現代日本」なるものを相対化し得る存在として現出していたのではないか。靖男らが免責された歴史の暴力を今なお身体に刻み付けている高は、時間的断絶を前提とする「現代日本の青年」たちの物語を相対化するような、境界的存在としてテクストに立ち現われるのである。

おわりに

だが、同時代において高の境界性や非対称な構図に目が向けられることはなかった。橋川文三は、大江ら戦後世代が「ひたすら現在を求め、その現実の過酷さという言葉に惑溺」（傍点原文ママ）して「感性的行動の氾濫」を生むばかりで「歴史における他者——それこそが現実の構造である——の意識」を掴むことはないといい、次のように述べる[20]。

その一つ——戦争体験論が回顧趣味でないのはなぜか？ この弁明は簡単である。「回顧趣味」とは、一種の嗜好（Geschmack）にほかならないが、およそ趣味・嗜好とよばれるものにおいては、人間の主体的責任の問題が介入することは原則的にありえない。趣味としての回顧は、実質的に一個の心理学的カテゴリイに属する作用であり、それは人間における歴史的認識と責任の追及とは全くカテゴリイを異にする。しかし、戦争体験論は、まさにその責任意識において成り立っているものにほかならない。（傍点原文ママ）

橋川による「歴史における他者」欠如批判や「歴史的認識と責任の追及」の重視などは、まさに「われらの時代」における〈他者〉としての高の存在を照らし出すものに思える。だが彼の論理を追うと、必ずしもそうではないということが見えてくる。

橋川は自分が「戦争」にこだわるのは「メタ・ヒストリイク（歴史意識）」の立場においてとらえたいからだといい、「戦争体験」論は「わが国の精神伝統の中に」はじめて「歴史意識」を「創出」しようとする努力の一環として考えられるという。彼によれば「歴史意識」とは「巨大かつ急激な社会変動の場合に発生」するものである。そして「自然の秩序のように疑うことのできない」ものとなっていた「戦争体制」が「敗戦」によって崩れたことで、「国体という擬歴史的理念に結晶したエネルギーそのもののトータル（全的）な挫折」が生じ、「本来的な歴史意識のための、本当の解放」がもたらされ、「日本の精神構造」ははじめて「甲羅のない蟹」の状態におかれたという。このような理解をもって橋川は、「太平洋戦争とその敗北の事実」を「イエスの死の意味に当る」ような「啓示の過程」、即ち「超越的な原理過程」と捉えることを提言するのである。[21] この橋川の遠近法は、「戦争体験」から「普遍的なるものへの窓」をひらこうとするものであり、「日本の思想伝統」形成を問題化するものである。もちろん、この視点による日本のファシズム形成追究の成果については今更いうまでもないが、しかしこの論理が「われらの時代」における高のような存在を照らし出すものかといえば、そうとはいえない。植民地支配時の暴力や朝鮮戦争の記憶を抱えたまま〈過去〉との連続性の下で生きざるを得ない高のような人びとへの「責任」は、橋川のいう「戦争体験」の「超越」化やそうした「歴史的認識と責任」とは異なる次元にあるのではないか。日本の戦後思想における、アジア侵略行為に対する「戦争責任」の問題につ

いて、尹健次は次のように述べている。(22)

いわば近代天皇制が戦争を媒介に国民統合をなしとげた前史を引き継いで、知識人そして民衆はネガティブな感情の壁にさえぎられて、天皇制およびそれと密着したアジアへの侵略行為に関しては思考停止の状況に追いやられ、戦争責任の問題は日本人のアイデンティティ（民族性）や「国民感情」「民族感情」といった抽象のなかに解消されてしまう傾向を示した。事実、戦後の日本においては、「日本人」という共同体意識から自由になれないまま、戦争や侵略についての自己批判も、多くの場合「日本人論」という枠組みのなかで語られがちであったと言ってもよい。

橋川にも見られたように、戦後における「戦争」をめぐる議論は「日本人論」の枠組みで行われがちであり、アジアへの侵略や植民地の問題を置き去りにしてきた。そして「われらの時代」が図らずも表象してみせた非対称性、即ち高のように植民地支配の暴力や「戦後」の「戦争」と切り離せない〈現在〉を生きる人びとと、歴史を免責されたかのように〈現在〉を生きる「現代の若い日本人」たちという構図もまた見過ごされてしまったのである。

だがその要因の一部はテクストにある。高はこの物語において、「停滞」する〈現在〉の「日本」なるものに違和を生じさせないような〈他者〉として配置されており、その配置を可能にしているものの一つがホモセクシュアルな欲望の表象である。右翼の隊列に加わった際に、滋と康二が「ファシスト党」や「ナチスの親衛隊」に入りたかったといい、「ユダヤ人の娘を強姦」し「その娘の胸を銃剣でひとつきするのが仕上げだ」と興奮して語るのだが、「自分の民族が強姦され、銃剣でひとつきされる戦場にいたことがあ」り「大虐殺にちかいものを見たこともある」高は、次のように思う（五）。

　かれは二人の少年ファシストにたいして性的な激しい熱情をそだて、胸を熱くした。ああ、おれはこの二人の少年ファシストをどんなにか抱きしめ頬ずりし、かれらの野菜のようにみずみずしく硬い性器でおれの情念そのもののようなあたたかく濡れた直腸の奥ふかくまでつらぬきとおしてもらいたいことだろう。かれは二人の少年ファシストに強姦される弱いユダヤ女、銃剣でえぐられる女陰をもったユダヤ女だった。（五）

　暴力の歴史を身体に刻み込んだ高が抱き得るはずの「ファシスト」への反感や大日本帝国の歴史を〈戦後〉という境界線で切断し免責し得たかのような〈現在〉への複雑な感情などは描かれず、代わりにホモセクシュアルな欲望が描出される。それによって高は、「現代の日本」を撹乱することのない〈他者〉として「われらの時代」に溶け込むのである。

　一九五九年発表の「われらの時代」が、在日朝鮮人という立場の高に「戦前」「戦時」そして「戦後」の暴力の歴史を一身に背負わせ、ホモフォビックな志向によってスティグマ化しつつ、「現代の日本」に違和感を生じさせることのない〈他者〉として彼を描いたとすれば、そしてそれが疑問視されることなく広く受容されていたとすれば、この時期の歴史認識や戦争へのまなざしをあらためて問う必要があるのではないか。軍事基地提供や物資補給、掃海隊派遣など、その遂行に日本も深く関わっていた朝鮮戦争、そして一九五六年のフィリピンとの平和条約・賠償協定締結、一九五九年のベトナム共和国との賠償協定締結、一九六五年の日韓条約締結と、アジアに対する戦争責任の問題はサンフランシスコ講和条約で終結したわけではなく存在し続けていた。にも関わらず一九六〇年前後の時点で、「戦争」と断絶された〈現在〉として「われらの時代」が認識され得たのは何故か。誰が歴史を背負わされ、誰が免責されていたのか。そのような状況を可能にした言説の論理や修辞を、いまあらためて問う必要があるのではないだろうか。

(1) 大井浩一『六〇年安保―メディアにあらわれたイメージ闘争』勁草書房、二〇一〇年、二三―四五、四七―五二頁

(2) 本論の引用は、のちに刊行された単行本(江藤淳ほか『シンポジウム　発言』河出書房新社、一九六〇年、三八―四八頁)に拠る。

(3) これはシンポジウムの出席者である浅利慶太や石原慎太郎にも見られる現実解釈で、例えば浅利は、「われわれは現状を変えようという意志を捨てたのではない。だが可能なかぎりの現実行動のパターンはすでに出つくしている」と述べている(江藤淳ほか　一九六〇年、二二頁)。

(4) 石原慎太郎・江藤淳・橋川文三・浅利慶太・大江健三郎「怒れる若者たち・座談会」『文学界』一九五九年一〇月、一三二―一四一頁

（5）江藤淳ほか　一九六〇年、二二九―二三〇頁
（6）平野謙・野間宏・久保田正文・小田切秀雄「〈座談会〉一九五九年度の文学の問題と傾向」『新日本文学』一九五九年一二月、一二五頁。ただし平野謙は吉本隆明が評価していることにもふれており、また「僕はそんなに悪くないという気がした」と述べている。またこの作品を「大江さんの脳髄のなかに夢見られたメルヘン」（「座談会・怒れる若者たち」『文学界』一九五九年一〇月、一三九頁）と称したのは江藤淳だが、島尾敏雄もまた「彼は、むかしばなしを書くように」「彼が現代だと考えたものを、おとぎばなしで描いてみせてくれた」と評している点は興味深い（島尾敏雄「大江健三郎『われらの時代』」『三田文学』一九五九年九月、三四頁）。
（7）橋川文三『増補　日本浪漫派批判序説』未来社、一九六五年、三〇八―三〇九頁
（8）坪内祐三『昭和の子供だ君たちも』新潮社、二〇一四年、八三―九六頁。なお、坪内が文中で引用しているのは、海老坂武『〈戦後〉が若かった頃』（岩波書店、二〇〇二年）、小中陽太郎『ラメール母』（平原社、二〇〇四年）の記述である。
（9）大西巨人「大江健三郎先生作『われらの時代』の問題・その他」『新日本文学』一九五九年一一月、一七七頁
（10）針生一郎「文芸時評　檻のなかの野獣」『新日本文学』一九五九年一一月、一八〇―一八二頁
（11）橋川文三　一九六五年、三一〇―三一一頁
（12）大江健三郎「われらの性の世界」『大江健三郎　同時代論集1』岩波書店、一九八〇年、一四〇―一五一頁。初出は『群像』一九五九年一二月号。
（13）ジェームス・キース・ヴィンセント「大江健三郎と三島由紀夫の作品におけるホモファシズムとその不満」（竹内孝宏訳）『批評空間』第Ⅱ期第一六号、一九九八年、一三六―一四一頁
（14）坪内祐三　二〇一四年、九四頁
（15）大井浩一　二〇一〇年、三〇―三一頁

(16)松原新一『大江健三郎の世界』講談社、一九六七年、一二九頁
(17)ジェームス・キース・ヴィンセント　一九九八年、一三九—一四一頁
(18)大江健三郎「戦後世代のイメージ」『大江健三郎　同時代論集1』岩波書店、一九八〇年、一八頁（初出は『週刊朝日』一九五九年一月四日号〜二月二二日号）
(19)北山敏秀「「戦争体験論」の意味—『われらの時代』を「批判」するということ」『言語態』第一四号、二〇一五年、一四四頁
(20)橋川文三「日本近代史と戦争体験」『戦争体験の意味〈現代の発見〉第2巻』春秋社、一九五九年、七—一三頁
(21)橋川文三　一九五九、一一—三四頁
(22)尹健次「戦後思想の出発とアジア観」『戦後思想と社会意識〈戦後日本　占領と戦後改革〉第3巻』岩波書店、一九九五年、一五八—一五九頁

第7章　「沖縄問題」というブラック・ホール
――南方同胞援護会と大浜信泉を軸として

新城郁夫

沖縄・嘉手納に飛来したB52機　一九七二年一〇月二六日撮影（毎日新聞社提供）

1 「大使館あるいは領事館」としての南方同胞援護会

日本政府が外務省を通じて二〇一九年現在に至るまで、沖縄に大使を遣わしているという事実が示すのは、沖縄に大使館あるいは領事館があるべき必然を日本政府が公然のものとしていることにほかならないが、これは「沖縄問題」と呼ばれる事案の多くが外交軍事と関わることの証左でもあり、この点において、沖縄大使というプレゼンスの不可視化と「沖縄問題」の国内問題化への封じ込めの手法とが、密接に関わっていることが理解されて然るべきだろう。

端的にいって、沖縄を軍事的拠点とすることを通じて、日本そのものが米軍再編という軍事覇権展開において全体化されているのであり、このアメリカ軍覇権が、日本の国家主権を遥かに凌駕する支配権を機能させていることに一点の疑いもない。実質的に、日米地位協定が日本国憲法より上位規定として機能しているあり方は、日本の政治的条件となっている。この従属あるいは衛星国のありようを、沖縄の地域問題として特殊化していく過程のなかに、日本という国家による政治的粉飾が見て取れることは、辺野古新基地問題のみならず幾多の点において難しくないが、他ならぬ沖縄大使という役割がその中核を担っていることが、次のような沖縄大使の発言のなかに明瞭に示されている。第四代沖縄大使の沼田貞明氏の離任会見での言葉である。

米軍に常に抗議するのではなく、双方通行の対話をしていただきたいという気持ちをもっている。在日米軍人は日米安保条約のもと、日本とかアジアの平和と安全を守る使命をもっており、必要が生じれば自らの生命を危険にさらすことを覚悟している。彼らの立場に思いをいたしてほしい(1)。

二〇〇四年八月一三日、沖縄国際大学に米軍ヘリが墜落炎上。その直後大学周辺一帯が米軍の戒厳令的制圧によって立入禁止区となり沖縄県警を含む日本側の検証は拒否された。核物質汚染の可能性も後に指摘されるこの出来事を契機に、沖縄では大きな反基地運動が展開されるが、日本政府は直後には辺野古沖新基地建設のためのボーリング調査を開始して、今に繋がる沖縄住民の強い批判と抵抗が生起しつづけている。この一連の流れのなかに右の沖縄大使の発言を置き直してみるとき、沖縄大使の役割が、沖縄に展開する在日米軍のプレゼンスの保障にこそ焦点を当てていることが理解できる。米軍に対する沖縄における反発と抵抗を抑制し、米軍駐留の必然性を沖縄ひいては日本の人間に宣撫し、「沖縄問題」の政局化を未然に防ぐ。そこに沖縄大使の役割を見ることはあながち強引とはいえないだろう。沖縄大使という日本国家の沖縄におけるプレゼンスは、アメリカ軍の駐留の条件整備に主眼をおくのであって、その外交はアメリカにのみ向けられているのではない。むしろ沖縄に対する「外交」こそが沖縄大使の役割であり、沖縄に向けられた対話の窓口を閉ざすという行為性にこそ、沖縄大使の存立の鍵があるといえるだろう。つまるところ、沖縄大使は、沖縄に生きる者にとって無用であるか、無用以下の存在である。ただただ、沖縄における日本そして米軍の権益保護のためにそれは存立しているというべきである。

しかしここで重要なのは、こうした日本政府による外交上の動きが、沖縄の「復帰」以前からの連続性を持っていることである。沖縄大使という機構の歴史性を、「戦後」というスパンにおいて再考しようとするとき、これに先立つ形において、と同時に、これを遥かに凌駕するだけの守備範囲と政局への介入力を有する機構が存在していたことを想起する必要があるだろう。

本論において考察していく南方同胞援護会こそそれにあたるが、この重要にして全く奇妙な機構に関する研究は、今現在に至るまで管見のところ少ない。理由は幾つか考えられるが、ここで看過されてならないのは、南方同胞援護会の活動が多岐に渡りつつ、その機構としての法的・政治的・文化的・社会的役割についての位置づけが戦略的なまでに曖昧にされているという事実が存在するということである。米軍占領下における沖縄「同胞」への経済的支援はもとより、教育全般に関わる支援や戦後補償、あるいは医療制度整備や災害援助に至るまで、極めて広範な活動を展開しているが、ここに、米軍占領下沖縄の司法・行政・立法の全ての施政権を米国民政府（United States Civil Administration of the Ryukyu Islands）つまりアメリカ軍が掌握している状況下、潜在主権を担保している（ことになっている）日本国家が表だってとれない策を、総理府所管特別法人たる南方同胞援護会という組織が代わりに担っていたという事情が関わっている。

この南方同胞援護会について、その概要を大ざっぱにまとめるならば次のようになる。一九五六年にまず財団法人として設立され、翌年総理府外郭特殊法人となる。初代会長は、渋沢敬三元日銀総裁、副会長は戦前に沖縄県知事を務めた渕上房太郎で、一九六六年度で言えば、国の一般会計予算から二億三〇〇〇万円の補助金を受けている。当初から日本政府の代理機関役割を担って戦後処理にあたる。当初の小笠原返還運動を拡大するかたちで北方領土返還運動をも主導し、沖縄石垣島出身で早大総長の大浜信泉が一九六一年に会長に就任してからは「沖縄返還」に関する日米交渉に深く関与していく。一九六四年の第一次佐藤内閣発足以降は、大浜信泉会長と末次一郎評議員（陸軍中野学校出身、戦後、引揚げ学生支援組織化、戦犯釈放国民運動組織化、青年海外協力隊設立、北方領土返還運動組織化、南方同胞援護会には設立初期から主導的関与）の連携により、日米の沖縄問題交渉に直接関与し「返還」運動の窓口となっていく。会機関紙として『沖縄と小笠原』（一九五七〜一九六二年）、『南と北』（一九六二〜一九六九年）、『季刊沖縄』（一九六九〜一九七二年）の全六二号を発行。沖縄返還、小笠原返還、北方四島返還をはじめとする「領土回復運動」の全国講演会の実施や沖縄戦跡の管理清掃と遺骨収集作業、あるいは北方領土視察や皇居東宮訪問を日程とする「沖縄豆記者」交流等を実施する。一九七二年「沖縄返還」を機に解消し、内閣府所轄の「沖縄協会」へと活動が継承される。

『南方同胞援護会十七年のあゆみ』（沖縄協会刊、一九七三年）は、こうした南方同胞援護会の活動に関して、時系列概説と資料で説いていく貴重な一冊であるが、このなかの次の一節に会の趣旨が明示されている。

本会の事業は、戦後処理の一環として国が当然なすべきことを、外交上の摩擦を避けるために本会が代わって行ってきたものであり、それ故にこそ、本会の事業に関しては与野党こぞってこれを支援し、その成果に期待していたのである。（中略）

全島が〝遺族の島〟とさえいわれる沖縄では、土地問題のほかにも、戦没者の処遇、遺児、未亡人、戦傷不具者の援護や、医療、教育対策など、数々の問題が山積していた。しかし米国の施政権下にあるため、日本政府としては米国の内政干渉になるため援護の手は差しのべられない。そこで、民間団体を創設してその手であらゆる援護を課すようにする。また同じく米軍施政権下にある小笠原諸島についても、戦時中軍によって強制疎開させられ本土に引揚げてきて困窮している元島民に対して援護措置を講ずる。同時に、これらの島々に関する調査研究を行い、これを内外に発表して啓蒙に資する――というのが本会創設の理由であり目的であった。(2)

このようにして会の「目的」が語られるとき、南方同胞援護会という特殊法人を通じて立ち上がってくるのは、救済あるいは援護する主体としての日本国家という幻影であるように思われる。同時に、このとき南方同胞援護会は、右の文章で自ら謳うように「外交上の摩擦を避けるため」に国家がなすべきこととしての「援護措置」を、国家に代わって遂行する特殊法人としてみずからを位置づけることになるだろう。こうした言説に見出されるべきは、国家的なるものを代行する南方同胞援護会という法人の「自己」表象への意志であり、こうした演劇的でさえある表象作用が、「援護」というそぶりにおいてこそ自らを政治的主体として可視化しようとする働きである。援護へのこの飽くなき欲望こそが援護対象

（沖縄に生きる「同胞」）を産出するのであり、援護対象（のみ）が生きる空間として日本国家の領土あるいは領域（沖縄あるいは「南方」）が政治的に創出されるのである。

むろん、この一連のながれにおいて南方同胞援護会は、日本の内外において国家との距離を謳いつつ常に国家の代理としてみずからを位置づけ表象するだろうし、その自己画定は外交上の摩擦を避けるためという理由づけをともなうだろうが、この代理の論理こそ、国家が国家の枠組みを乗り越え、本来国家ができぬはずのことを遂行するための論理というべきであり、このとき南方同胞援護会という特殊法人は、国家以上に国家的なものを体現してしまうことになるだろう。ありていにいって、施政権のすべてがアメリカに握られている占領地沖縄に対して日本国家が行政的に為し得ることは法理上ほとんどない以上、「援護」に関する施政権上の法的な根拠はなく、アメリカ側からすればまさに「内政干渉」ととられかねない側面を、南方同胞援護会は担っていたといえるだろう。

たとえば、一九五八年段階で、後に最高裁長官となる横田喜三郎は次のように指摘している。「日本の残余主権は、その言葉の示す通りに、残りの主権であり、日本に残された主権である。主権のうちで、アメリカが施政権をもつとして、それ以外に残された権利である。主権そのものは、たびたび述べたように対人主権と領土主権にわけることができる。対人主権については、アメリカが完全なそれをもっている。つまり対人主権の全部をアメリカがもっている。領土主権については、そのうちに領土を占有する権利と処分する権利とが含まれているが、占有する権利については、アメリカが完全なそれをもっている。処分する権利については、信託統治制度の下におくという処分に相関するかぎりで、アメリカがもっている。そうすると、日本に残された主権としては、処分に関する権利について、信託統治におくという処分を除いて、その他の処分を行う権利ということになる。たとえば、南方諸島を独立させるとか、アメリカに譲渡するとか、その他の国に譲渡するとかいうような処分を行う権利である。このような権利は、日本に残っているわけで、日本の同意がなければ、それを行うことができない。そうしてみると、日本の残っている主権は、領土主権のうちの処分の権利について、一部の処分を除いて、その他の処分を行う権利だということになる。これだけが日本に残っている権利であり、いわゆる残余主権である」[3]。となれば、沖縄に対して日本にできることは、道義上の財政援助といった類の事業となるだろうが、その道義が「同胞」の名においてなされるとき、「援護」によって接続されてしまう沖縄そして日本は、部分と全体という関係の相互「自演」において、主権国家の関係の内部にみずからが位置しているような錯覚に陥ることができるようになる。

換言すれば、日本政府を後ろ盾とする南方同胞援護会によってこうした「援護」の組織化が可能とするのは、アメリカ軍からの黙認あるいは許容される範囲のなかでの主権国家の真似事であり、この擬国家的な再配分的手続きの媒介としてのみ沖縄あるいは小笠原という施政権を「奪われている」地域が、「同胞」の生きる場所として再包摂されようとしていると言えるように思われる。ここでは、国家主権と施政権の分離を問わない権力の差配構造が積極的に追認されているし、そのうえで、米軍基地の存続を施政権の問題と切り離して不問に付すという分離が前提とされている。そして同時に、援護されるべき無権利状態の沖縄「同胞」のカテゴリー化が、軍事占領下に生きるがゆえの被害の補償と権利回復の道筋をなんらつけないままで、戦後における日本人という主体構成上の不可欠の奪還対象あるいは埋められるべき欠落として思念されてしまうのである。

いうまでもなく、こうした過程のなかで、援護されるべきでない人々が、人種的、民族的、性的といった属性において政治的に産出されていくことになる。そして同時に、沖縄という場においてすら救済と援護を動機づける「同胞」の分断ラインが行政的にあるいは法的に幾重にも引かれていくことになる。たとえば、「混血児」の問題や在沖縄の朝鮮籍韓国籍の人々あるいは占領下沖縄における「非琉球人」といった、在日米軍との密接な関わりによってカテゴリー化され人種化された人々をめぐる問題は、日米琉のいずれの側からも「援護」の枠組みから排除されてしまう。(4)南方同胞援護会の「援護」が、これらの人々を対象化することに関する積極的な忘却によってこそ成立していることは言うまでもない。

また同時に、援護の必要性の強調が、その援護策の最終的解決とみなされる「沖縄返還」を急ぐためには、基地の存続とその自由使用を認めるという政治的判断を、南方同胞を救済するという名目において日米両政府に働きかけるという、極めて政治的あるいは政局的な動きと連動していくことも看過されてはならない点である。結論めくことを先走って言えば、大浜信泉の言動をはじめとする南方同胞援護会の動きは、日米両政府が「沖縄返還」という国際政治上のステージを構成するうえで不可欠な「沖縄の声」を、両政府が聞きたいように聞き取らせるための音響的媒介の役割をはたしていたと考えられるのである。

2　大浜信泉というエイジェント

「南援の活動には、このほかに目に見えない分野があり、この面における貢献をみのがしてはならないであろう。比喩を用いれば、南援は沖縄のために、大使館と領事館の役割を演じてきたということができる」[5]というのは、『南方同胞援護会の十七年』冒頭の「序」における南方同胞援護会会長・大浜信泉の言葉であるが、まさに、「目に見えない分野」における南方同報援護会の「貢献」の核心部分に、なんの法的根拠も政治的信任もないままでの「大使館と領事館の役割」の「自演」があったといえるだろう。

むろんのこと、この「自演」には日米両政府そして沖縄の一部からの強力な付託と協力が存在したが、会の「自演」という遮断幕のはたらきにおいて、それらは影をひそめることが可能となる。

右に引く大浜の言葉が裏書してしまっているように、南方同報援護会が担っていた作業は、沖縄住民の福利厚生あるいは教育や社会整備といった面だけではない。むしろその活動の中心は、沖縄・小笠原・北方領土をめぐる「領土回復」運動の宣伝啓蒙活動であり、領土問題に関する幾多の国際会議の開催や、尖閣を含む「領域」調査活動と啓蒙書籍公刊そしてそれらを政治的議論の場に内閣や自民党とのパイプを活かして投入していくことにあったと言える。しかも、このとき重要なのは、「領土」回復というナショナルな欲望を煽る宣撫が、アメリカ軍による基地自由使用という一点の確保を前提として進められていることであり、この時「領土」問題とは、アメリカ軍による基地使用が自由になされうる日本という領域を再編するという側面をもっていたと考えられる点である。

たとえば、会の機関誌『沖縄』（第一～二〇号まで『沖縄と小笠原』、第二一～五〇号まで『南と北』、第五一～終巻六二号まで『沖縄』）の、第五六号（一九七一年三月）と終巻第六二号（一九七二年一二月）は「尖閣列島特集」となっており、この島々への日本の「固有の領有権」が、海底資源調査報告や歴史文献紹介を含め対中国の国防意識の発露をもって論じられている。(6) いってみれば、小笠原や北方四島の帰属問題をふくめ、南方同胞援護会は、この領土問題を梃に国民編成と国土回復というハードな政策調整を民間という外皮をまとって展開し、提言を内閣に上げ内閣はこれを吸い上げる形で、アメリカ側との「返還」交渉の政局水面下の窓口の役割をはたしていたと言っていいだろう。(7)

つまり、領土問題を煽りつつ、沖縄で生起する反基地運動のうねりを、「祖国復帰」という政局的スローガンのなかに吸収しつつ、在日米軍のプレゼンスを反永続的に保障する方向性に会そのものが世論を誘導して「同胞の声」を「自演」し宣撫啓蒙するところに南方同胞援護会の活動の革新があるということである。そこでは、施政権の問題と基地の問題は分離され、基地の問題は、アメリカの意向にほぼ完全に沿っていく。そして必然的にこの問題圏内において、主権をめぐる問いはかき消されていく。領土と主権をめぐる政治論的議論はまったく不問に付されたまま、沖縄の「返還」が、同胞救済の名目において絶体化されるばかりなのであり、その絶体化において、アメリカ軍基地そのものを問う諸条件はますます遠景へと消えていくことになるのである。

私は、沖縄出身者の一人でもありますし、その関係上、沖縄百万の同胞とともに、沖縄が一日も早く異民族の支配から解放されて本来の姿に立ち戻ることを念願し、この念願の達成のために、個人的にあらゆる機会、あらゆる関係を活用し、さらに先年、沖縄担当大臣である総務長官の森清氏が沖縄の施政権の一角に取り組まれまして、全面返還は無理であろうから、教育権だけでも先に分離して返還してもらったどうかということで、教育権の機能的返還論というものも提唱されまして、それについて具体案をつくるために諮問機関を設置されまして、その座長を私がつとめたのでありまます。その後、佐藤総理が施政権全面返還という角度から取り組むべきだということで、沖縄問題等懇談会という諮問機関を設置されまして、そこでも座長をつとめた関係があるのであります（中略）。

私、南方同胞援護会の会長になったのが昭和三十六年でございます。当時の総理の池田さんからその話がありまして、当時、私、早稲田大学の総長の地位にありましたので、とうてい片手間仕事でそういう大役をお引き受けしかねるので、一応御辞退を申し上げたのでありますが、その後、当時の官房長官であられた大平さんから重ねてお話がありまして、（中略）お引き受けしたのでありま
す。[8]

国会において、南方同胞援護会へのみずからの関わりのきっかけを公述する大浜信泉の言葉のなかに、発話のポジショニングとして「沖縄出身」ということが強調されていることを見て取るのは容易い。

あるいは、この沖縄出身者という自己の位置づけから語られる「同胞」という言説が、沖縄の人間の日本「復帰」を「民族」という観点から自然化していることを読み取ることも難しくない。

だが、この過程をして、沖縄の人間の「解放」そして「本来の姿に立ち戻ること」として言挙げする言動の流れのなかで、アメリカ軍の存在そして基地をめぐる施政権のことが空白化されていることは注目されてよいことと思われる。換言するなら、「沖縄返還」という出来事を、同胞の帰還物語のなかに比喩化する言説の配置のなかで、「同胞」と呼ばれる人間たちの「施政」をめぐる権力の暴力的な差配のあり方そのものが掻き消されようとしているということである。

たとえば、施政権をめぐる教育権の部分返還あるいは全面返還について政府が「具体案」を作成するにあたって、政府が立ち上げる諮問機関のトップの座にありつづけたことを、大浜は事もなげに述べるのだが、そこでは、その諮問の根幹をなしていたはずの施政権返還をめぐるアメリカ軍基地の処遇に関する議論が抹消されている。ここで大浜が二者択一のようにいう、「沖縄返還」に際してのアメリカ施政権の部分返還か全面返還かという議論の構成そのものが、アメリカ軍そしてアメリカ軍基地に対する施政権をめぐる批判的問いを、あらかじめ完全に封じているのである。このことが示すのは、「返還」にあたって、アメリカ軍基地は全く手つかずのままにされるということである。そして、こうした言説がかき消していくものこそ、ほかならぬ「同胞」たちの次のような声である。

米国は対日平和条約第三条を根拠にして沖縄のすべての施政を握っています。この第三条は当時沖縄県民の関与しないところで日本政府が施政権を委ねて出来上がったものであります。第三条は沖縄を信託統治に対する規定でありながら、十四年間それが履行されず、米の施政権は暫定的でありながら、永久化されようとしています。第三条による統治は日本の国連加盟後は、主権平等民族自決の原則から憲章違反であります。今日では第三条は国際法上無効性が強くなっているので、第三条については日本政府は積極的に撤廃に努力してもらいたい。／第三条の撤廃は祖国復帰であるから復帰運動の最終目標はこれにつきます。しかし基地と施政権は切り離せないとする米国の政策は排他的に沖縄基地を使用することにあります。したがって軍備撤廃、完全軍縮の国際世論にそうて原水爆基地に反対することは、そのまま祖国の平和、独立を促進することになると思います。そこで原潜寄港、ゲリラ訓練、ナイキ発射実験等に反対するよう日本政府に努力してもらいたい。(9)

「異民族支配」からの解放と軍事支配からの脱却を激しく希求し、日本国憲法の適応においてそれが可能となることへむけた運動の組織化に沖縄におけるいわゆる「復帰」運動の核心が見出されることは確かであるが、その訴えは、一九六〇年段半ば頃から大きな変転をとげ、次第に日米両政府の「返還」にむけた交渉のあり方への批判を強め、「復帰」の方向性への内在的批判も発していくようになる。とくに、一九六五年の佐藤・ジョンソン日米両首脳による共同声明において日米安保堅持が謳われる頃からは、「返還」後の米軍基地の維持への懸念が高まることになる。そこで問われていたのは、次の対日平和条約（サンフランシスコ講和条約）第三条の規定する「施政権」と基地との関係である。「日本国は、北緯二十九度以南の南西諸島（琉球諸島及び大東諸島を含む）、孀婦岩の南の南方諸島（小笠原群島、西ノ島及び火山列島を含む）並びに沖の鳥島及び南鳥島を合衆国を唯一の施政権者とする信託統治制度の下におくこととする国際連合に対する合衆国のいかなる提案にも同意する。このような提案が行われ且つ可決されるまで、合衆国は、領水を含むこれらの諸島の領域及び住民に対して、行政、立法及び司法上の権力の全部及び一部を行使する権利を有するものとする」と対日平和条約三条で規定される「施政権」が日本に返還されたとして、そのとき基地が残存維持されるかどうかという点こそ争点であったのだ。そしてこの点、大浜信泉会長を筆頭に南方同胞援護会は、ひたすらアメリカ政府意向の「忖度」という態度を堅持し、基地と施政権の問題の分離を説き、施政権返還を「至上命題」と呼び基地存続を前提化するのである。こうした議論構成から完全に抹消されるのはアメリカ軍及び基地に対する施政権という側面である。換言するなら、「沖縄返還」の過程において、施政権と基地の問題を分離させ、基地に対する施政権を全く不可侵の領域として保護しこれを問題化させないところに大浜信泉をはじめとする南方同胞援護会の「同胞援護」の内実を見出すことができる。つまるところ、大浜信泉の果たした機能とは、「沖縄出身の日本の指導的市民」（エドウィン・ライシャワー）というポジションにおいてアメリカのエイジェントとして立ち回ることであったともいえ、その交渉の中心は、施政権返還のステージにおいてアメリカ軍基地の政治問題化を防ぐという点に集約されていたとも考えられるのである。

ここで大浜信泉の経歴について概略を記しておこう。一八九一年沖縄県石垣島生まれ。一九一〇年沖縄師範学校退学、一九一四年早稲田大学高等予科入学、一九一八年早大法学部首席卒業、同年三井物産入社。一九二二年年早稲田大学講師就任。一九二五から二七年にかけてイギリス、ドイツ、フランスに留学し労働法と商法そして海事法を研究。一九二九年早大教授就任（手形法、海商法、英国法担当）。一九三六年東京沖縄県人会副会長。一九四六年早大理事。法学部長を経て一九五四年年早大総長（異例の三期一二年、一九六六年の早大紛争のなか辞任。この間の教え子に小渕恵三、森喜朗などがいる）。日本私大連盟会長。池田内閣の要請を受け一九六一年年から南方同胞援護会会長。一九六六年佐藤栄作内閣諮問の沖縄問題懇談会座長。一九六七年盟友末次一郎（海外抑留同胞救出国民運動理事、海外青年協力隊設立者、中曽根内閣第二次臨時行政調査会参与）との関係もあり日本青年奉仕協会会長就任。一九六八年スタンフォード大政策科学学会主催「沖縄の地位に関する国際セミナー」に出席し前駐日大使ライシャワーらと意見交換。一九六九年自身が委員長である沖縄軍事問題研究会が中心となって開催された「沖縄及びアジアに関する日米京都会議」（日本側実務・若泉敬）の実行委員長となる。米側議長ライシャワー[10]。一九七一年と翌年、南方同胞援護会機関紙『季刊沖縄』で二度の「尖閣列島特集号」を組む。一九七二年沖縄海洋博協会会長、沖縄協会会長、沖縄振興開発審議委員長に就任。日本野球機構コミッショナー。一九七六年死去。

「大浜総長は沖縄出身の日本の指導的市民として、きわめて自然に本件（「第二次大戦のごく自然な結果として現出した沖縄に対するアメリカの政治的統治」、引用者注）解決のための指導的役割を取られました」と賛辞を贈るエドウィン・ライシャワーは、大浜への追悼文を次のように締めくくっている。「日米両国間に横たわっていたあの困難な沖縄問題に満足しうる解決策を見出すことに果たされた氏の役割に対して、日本国民同胞と同じようにアメリカ市民の感謝と評価を大浜総長が受けられたのは、当然のことと申せましょう(11)」。「返還」交渉にあたって大浜信泉の盟友ともいうべき関係を築いたライシャワーが言っている「沖縄問題に満足しうる解決策を見出す」というのが、沖縄を含む日本全体のアメリカ軍基地自由使用という、アメリカ側にとってほぼフリーハンドの制度的整備であったことは歴史的経緯を見れば明らかである。そして、この点に関して、たとえば、大浜信泉の次のような言説は、南方同胞援護会が「沖縄返還」議論において、日米両政府にとっての危機管理的役割を果たしていたことを明証するものとなっているといえよう。

戦後二十年も経過した今日、いまなおわが国土の一部と九十五万同胞をアメリカ統治に委ねておくことはいかにも不自然である。この不自然な姿を持続することは、日米両国の円滑な協力関係の上に支障を招来しないとも限らない。／佐藤総理は、この観点から日米両国間の協力関係を円滑に持続するためには、基地と施政権とを分離し、基地の存続を認めたうえで、施政について日本政府に移すことの必要を強調して、アメリカをして施政権の早期返還を合意させたのである。このことは裏返していえば、沖縄の基地の存続を容認した上で、基地の利用に関してアメリカと協力すべきことを予定していることはいうまでもない。そこで施政権の返還が実現しない前に、基地反対の闘争がさかんになって来ることは、話を逆戻りさせる危険がないとはいえない。この点は、大いに心すべきことだと思う(12)。

ここで大浜が言っているのは、つまるところこういうこととなるだろう。基地を存続させるためには基地を不問とした施政権委譲としての「沖縄返還」しかない。そこで返還されるのは部分的な施政権でしかなく、基地はまったく無傷なままであり、加えて、「沖縄返還」を通じて、日本本土全体が基地自由使用地域へと変容することになる、と。そこであらかじめ命題化されているのは「日米両国の円滑な協力関係の持続」であって、沖縄の施政権返還はそのための必然とされつつ、基地撤去はいかなる意味でも求められることはない。それどころか、「基地反対闘争がさかんになってくる」沖縄の情勢こそ危機管理の対象となるのであり、その危機を先制する意味で、基地と施政権の問題の分離が要請されることになるのである。大浜の理路においては、沖縄における反基地闘争こそが「沖縄返還」の妨げの事由とされるわけだが、同時に、大浜はその動性をして「沖縄返還」における基地と施政権の分離にむけた促進材料としているし、交渉の賭けがねとして反基地闘争を極めて有用な「危険」としているのである。この危険に対するセキュリティ全般を構成する半永久的体制作りの重要な一環こそ「沖縄返還」であり、この実現において日米安保はそれまでの枠組みを大幅に乗り越えた、アジア全域に拡大する米軍覇権の再編の基礎が形成されるのである。大浜をはじめとする南方同胞援護会が、この戦略再編を沖縄「同胞」の救済という名目において包装し、米軍基地の残存維持そして強化の必要性を、沖縄の名を語りつつ求める役回りを演ずることは言うまでもない。

3 アメリカの超越という消去点——沖縄問題のブラック・ホール化

一九七一年第六八回国会はいわゆる「沖縄国会」と呼ばれ「沖縄返還」に関する集中審議が行われているが、そのなかで、公述人として招致された大浜信泉は次のように発言している（一九七一年十二月八日「沖縄及び北方問題に関する特別委員会公聴会」）。

いま沖縄は、御承知のように、憲法をはじめ日本の諸法律が適用のない地域であります。だけれども、施政権が返還されればその瞬間に日本の憲法をはじめ諸法律が適用されるのであります。いまの段階では日本の国内法による、土地収用法その他の措置は取れない時期でありますので、これはどうしても必要な土地は立法的措置によって、そこに間隙を生じないように、すぐ確保ができるような法律的な知恵が必要なわけなので、そのためにああいう法案ができたのじゃないか。こう思うのであります。（中略）沖縄は、御承知のように、いままで憲法その他の法律の適用のない地域を、一瞬にして日本の憲法その他の諸法律の適用下に編入する。これは、普通のいまできておる法律の予想しない異常な事態でありますし、非常に変則的な時代でありますので、そういう変則的の時代にどうして違法状態をつくらずにこの必要な土地の確保ができるかという至上命題があって、苦心の結果ああいうことになっておるのではないか、こう思うのであります。[13]

議論となっているのは、沖縄返還にあたり、それまで日本国憲法適用外になっていた沖縄の軍用地の数多くで軍用地主の契約更改ができず、また土地所有者不明の軍用地の取扱いができぬまま「返還」を迎えるにあたって、それらを日本国家が強制接取することを特別措置で定めようとする「沖縄における公用地の暫定使用に関する法律（内閣提出第六号）」の違憲性である。沖縄国会においてもっとも熾烈な討論となったこの法案について、国会審議公述人であった藤島宇内は「米軍布令の国内法化」と鋭利に指摘しているが、対する南方同胞援護会会長の大浜信泉は、自身法律家である立場をも明言しながら、右に引用したような論理で、立法措置の緊急性を指示するのである。しかし、この「沖縄における公用地の暫定使用に関する法律（内閣提出第六号）」が、具体的に「憲法十三条、十四条、二十九条、三十一条、九十五条及び九十九条等」に違反していることは同じ衆院審議会公述人の室井光名古屋大教授も指摘するとおりであり、この「沖縄における公用地の暫定使用に関する法律」は、日本の法体系そのものを毀損する恐れの強い法案と言われてしかるべきであるだろう。あえて言えば、「沖縄返還」を期に、日本国憲法適用下ではできなくなる土地強制収用を、日本国憲法が適用されるその「一瞬」（大浜信泉）のうちに「暫定的」な立法措置（この法案は五年の時限立法であるが、その後、「沖縄県の区域内における位置境界不明地域内の各筆の土地の位置境界の明確化等に関する特別措置法」（一九七七年）において使用期限を一〇年延長し、同法による期限が切れる一九八二年には「駐留軍用地特措法」を沖縄県に適用し土地収用を継続）をとることそのものの適法性が根底から疑わしいというべきである。ここに見出されるのは、良く言って火事場泥棒の論理であり、拙速極まりない時限立法というしかない。

ところが、大浜の論理ひいては南方同胞援護会の論理においては、むしろその緊急性において「異常な事態」への対処としての時限立法（という名の永続的法）による体制形成の必要が、憲法を超えて必然化されているのであり、ほとんど超法規的とさえ見えるこの手続きを可能とする契機として「沖縄返還」という出来事が位置づけられている。ここには時限立法あるいは特措法による法体系の突破という事態が沖縄という例外を介することによって可能となることが明示されているというべきである。「国家自体の必要性・緊急性・救済の必要が、自然的な法の働きを排除し、何かを生み出す。その何かといわば、必要性と救済のしるしのもとでなされる、国家と国家自体との直接的関係化に他なりません。国家は自分について、迅速かつ直接に、規則もなしにも緊急性と必要性において、劇的に行動することになる。これがクーデタです[14]」というフーコーの指摘をここで想起するならば、大浜の論理は、ここでも国家を代行する形において国家理性を国家の法を超える力として開示しているといえるだろう。しかし、ここで留保が必要となる。この場合の国家が既にして主権の論理とは全くことなる動きをしていることである。つまるところ、この国家理性は既にしてアメリカという力の調整機関として自らの施政権を極めて大きく制限し放棄しているのであり、主権の論理とは異なる権力の差配が見られるということである。基地こそ、その権力の差配の要に作用する力点にほかならないが、国家はこの基地に対していかなる施政権もない。というより、アメリカ軍およびその基地は国家の法において制限されぬ限りにおいて基地たりえている。つまりは、その自由な使用が任意に容認されている領域が日本と呼ばれているに過ぎないのである。いうまでもなく、この日本は、「沖縄返還」において創出された新たなテリトリーである。アメリカは領土を失うそぶりのうちでこのテリトリーを獲得したといえる(15)。

施政権の返還を求めることと米軍基地が残存することを、日本国憲法の制限のもとで同時に可能とする論理が、初めから浮上している。ここで、大浜が主張していた分離返還論と密約を背景とする佐藤首相の全面返還論の相克における「分離」と「全面」の定義の曖昧さが浮上し、「核抜き本土並み」という言葉の定義不可能性が露呈される。このとき、沖縄返還論は、米軍基地の自由使用継続を主目的としてこれを隠すための「施政権」をめぐる言語論的なゲームとなり、結果、沖縄返還によってこそ、沖縄は主権論の外に投げ出され同時に国内問題の枠のなかに封印されるのである。この点をふまえるとき、「沖縄返還」は、沖縄を国際問題化させない手っ取り早い手段でもあったのではないかとも考えられる。沖縄の施政権返還がアメリカにとって有益となることを南方同胞援護会がアメリカに説得し、国内外にむけてその政治的転換を領土回復と見せ、軍事覇権再編のドラスティックな変質を後景化させること。それが日米両政府の政策的一致点とも見えるし、大浜信泉ひいては南方同胞援護会こそは、その変質を、沖縄「同胞」というポジションを利用しつつ称揚しその必然を語ることを通して、「沖縄問題に満足しうる解決策」(前出、ライシャワーの言葉)をはじき出す民間機関たるみずからを演じきったといえるだろう。

「沖縄問題」という枠組みの設定において、沖縄の永続的軍事基地化を特殊化しこれを忘却することで、日本はアメリカ軍覇権のなかに再編され、そのことを通じて占領形態も更新される。「沖縄返還」を通じて現れた体制をそのように考えることが可能なように思われる。沖縄の日本「復帰」というのは、その実、日本全体が沖縄的なるものに呑み込まれる事態を粉飾するための方便にすぎない。多元的な国際関係を切断し、多くの二国間同盟において分断として設定されるアメリカのアジア軍事覇権のなかで、日本がアメリカの衛星国となることが「沖縄返還」によって再編される。治外法権、地位協定、特措法などに見られる沖縄の例外化を通して、日本は、日本全体を例外化する。そしてそのことを、必死に忘れ続けようとしている。この忘却を可能とするのが、沖縄問題というブラック・ホールだが、このブラック・ホールは、沖縄の問題であるより、はるかに日本という問題であり、アメリカ軍覇権の問題である。そのからくりに気づきはじめた沖縄こそが、いままさにどこよりも先んじて、「沖縄問題」の圏内から抜け出してくための準備を始めている。かすかな希望はそこにある。

（1）「何のための沖縄大使か？　懐疑の声」『朝日新聞』二〇〇四年一二月一一日

（2）『南方同胞援護会十七年のあゆみ』沖縄協会刊、一九七三年、五―一〇頁。

（3）横田喜三郎「アメリカ施政権の本質」、『南方諸島の法的位置』南方同胞援護会刊、一九五八年、三七―三八頁。

（4）占領期沖縄における「非琉球人」に関する法社会的位相についての優れた研究として、土井智義「米軍占領期における「国民」／「外国人」という主体編成と植民地統治―大東諸島の系譜から―」（『法政大学沖縄文化研究38号』二〇一二年、三八五―四三二頁）、同「米軍統治下の沖縄における出入管理制度と「非琉球人」」（冨山一郎・森宣雄編『現代沖縄の歴史経験：希望、あるいは未決性について』青弓社、二〇一〇年、一三三―一五八頁）を参照。
（5）大浜信泉「序」、注（1）前掲書、四頁。
（6）大浜信泉「尖閣列島特集号の発刊によせて」、『沖縄』第五六号、一九七一年三月
（7）南方同胞援護会『日本領土の話』一九六五年。同『沖縄と小笠原』第一号、一九五七年三月。同『南と北』第六六号「北方領土問題特集」一九六六年三月。同『沖縄』第五一号「特集・沖縄返還と日米共同声明」、一九六九年一二月を参照。
（8）一九七一年一二月八日第六七国会衆議院「沖縄及び北方問題に関する特別委員会公聴会」での大浜信泉の公述。出典は、国会議事録検索 http://kokkai.ndl.go.jp/SENTAKU/syugiin/067/0715/06712080715001a.html
（9）沖縄県祖国復帰協議会「森総務長官への沖縄の施政権返還に関する請願　一九六六年八月十七日」、『沖縄県祖国復帰闘争史資料編』沖縄県祖国復帰闘争史編集委員会、一九八二年、三〇三―三〇四頁。
（10）南方同胞援護会『南と北』第四八号「特集・日米京都会議」、一九六八年三月参照。
（11）エドウィン・ライシャワー「最後の集約は沖縄問題」、大浜信泉伝記刊行委員会『大浜信泉』一九七八年二月、三六七頁。
（12）大浜信泉「沖縄問題に関する共同声明の評価と今後の課題」、機関誌『南と北』第四三号、一九六七年一二月。
（13）注（8）前掲。
（14）ミシェル・フーコー『講義集成1　コレージュ・ド・フランス講義一九七七―一九七八年度　安全・領土・人口』高桑和巳訳、筑摩書房、二〇〇七年、三二五頁。
（15）この論点については次の拙論をも参照いただきたい。「日本再占領ツールとしての沖縄返還」、『現代思想』二〇一五年八月号「特集・戦後七〇年」八七―九七頁。

編者・執筆者紹介（執筆順）

坪井秀人（つぼい・ひでと） 編者、序言
国際日本文化研究センター教授。日本近代文学・文化史。『声の祝祭―日本近代詩と戦争』名古屋大学出版会、一九九七年。『感覚の近代―声・身体・表象』名古屋大学出版会、二〇〇六年。『性が語る―二〇世紀日本文学の性と身体』名古屋大学出版会、二〇一二年。

石川　巧（いしかわ・たくみ） 第1章
立教大学文学部教授。日本近代文学・文化。『高度経済成長期の文学』ひつじ書房、二〇一二年。『「月刊読売」解題・詳細総目次・執筆者索引』三人社、二〇一四年。『「国際女性」解題・詳細総目次・執筆者索引』金沢文圃閣、二〇一六年。『幻の雑誌が語る戦争』青土社、二〇一七年。

岡田秀則（おかだ・ひでのり） 第2章
国立映画アーカイブ主任研究員。映画史、映画アーカイビング。『岩波映画の1億フレーム』（共著）東京大学出版会、二〇一二年。『映画という《物体X》 フィルム・アーカイブの眼で見た映画』立東舎、二〇一六年。

鈴木貴宇（すずき・たかね） 第3章
東邦大学理学部教養科准教授。日本モダニズム研究。「鍵のかかった部屋　あるいは名探偵と精神分析」『ユリイカ』二〇一五年八月。「パトスとしての文壇　『巴里会』と組合文化運動を事例として」『文学』二〇一六年五―六月。『コレクション・戦後詩誌第8巻　社会主義リアリズムの系譜』（単編著）ゆまに書房、二〇一七年。

渡邊英理（わたなべ・えり） 第4章
静岡大学准教授。近現代日本語文学。「激情から路地へ」『ユリイカ』二〇〇八年一〇月。「沖縄から開くアジア像―崎山多美の文学から」『アジアの戦争と記憶』勉誠出版、二〇一八年。「動物と私のあいだ」『翻訳とアダプテーションの倫理』春風社、二〇一九年。『中上健次論』（仮題）、インスクリプト、二〇一九年刊行予定。

長瀬　海（ながせ・かい） 第5章
総合研究大学院大学国際日本文化研究専攻博士後期課程。「第三の新人」と戦後日本文化。「戯作者というアティチュード―永井荷風の「俗」を巡って」『繍』二五号、二〇一三年。「『明暗』翻訳の試み」『比較文学年誌』四九号、二〇一三年。『永井荷風の戯作者志向―「三田文学」から考える』修士学位論文（早稲田大学）、二〇一五年。

中谷いずみ（なかや・いずみ） 第6章
二松学舎大学文学部准教授。日本近代文学。『その「民衆」とは誰なのか―ジェンダー・階級・アイデンティティ』青弓社、二〇一三年。「専有された〈戦争の記憶〉―井伏鱒二「黒い雨」における〈庶民〉・〈天皇〉・〈被爆

者〉（小特集　記憶の表象）」『日本近代文学』九三号、二〇一五年。

新城郁夫（しんじょう・いくお）第7章
琉球大学教授。日本近代文学・沖縄文学・ポストコロニアル研究。『沖縄文学という企て』インパクト出版会、二〇〇三年。『沖縄を聞く』みすず書房、二〇一〇年。『沖縄の傷という回路』岩波書店、二〇一四年。『沖縄に連なる』岩波書店、二〇一八年。

戦後日本を読みかえる　第3巻
高度経済成長の時代
二〇一九年三月三一日　初版発行
編　者　坪井秀人
発行者　片岡敦
印刷 製本　亜細亜印刷株式会社
606-8204　京都市左京区田中下柳町八番地
発行所　株式会社 臨川書店
電話（〇七五）七二一―七一一一
郵便振替　〇一〇七〇―二―八〇〇
落丁本・乱丁本はお取替えいたします
定価はカバーに表示してあります
ISBN 978-4-653-04393-5　C0336

〔ISBN 978-4-653-04390-4　C0336　セット〕